U1015382

Theory, Methods and Practice of Post-Evaluation of New Energy Projects

新能源
项目后评价理论
方法与实务

主　编：张梦婉　李佳霖　张旭峰
副主编：武宇希　杨　娟　张彦钊

中国经济出版社
CHINA ECONOMIC PUBLISHING HOUSE
北　京

图书在版编目（CIP）数据

新能源项目后评价理论方法与实务 / 张梦婉，李佳霖，张旭峰主编．--北京：中国经济出版社，2025.5.
ISBN 978-7-5136-8144-5

Ⅰ. F407.61

中国国家版本馆 CIP 数据核字第 202565GS59 号

责任编辑 赵静宜
责任印制 李 伟
封面设计 久品轩

出版发行 中国经济出版社
印 刷 者 河北宝昌佳彩印刷有限公司
经 销 者 各地新华书店
开 本 710 mm×1000 mm 1/16
印 张 14.5
字 数 210 千字
版 次 2025 年 5 月第 1 版
印 次 2025 年 5 月第 1 次
定 价 98.00 元
广告经营许可证 京西工商广字第 8179 号

中国经济出版社 **网址** http://epc.sinopec.com/epc/ **社址** 北京市东城区安定门外大街 58 号 **邮编** 100011
本版图书如存在印装质量问题，请与本社销售中心联系调换（联系电话：010-57512564）

版权所有 盗版必究（举报电话：010-57512600）
国家版权局反盗版举报中心（举报电话：12390） 服务热线：010-57512564

目录
Contents

第一篇　新能源发展政策背景

第二篇　新能源项目后评价理论及方法

第三篇 新能源项目后评价实务

第一篇

新能源发展政策背景

应对气候变化问题，事关中华民族永续发展及人类命运。当前，世界各国高度重视新能源技术发展，新能源技术创新突破已经成为持续改变世界能源发展格局、解决资源环境约束突出问题、开启全球各国碳中和行动的关键手段，是实现碳达峰碳中和的必然路径。

第1章 “双碳”政策解读

1.1 碳达峰碳中和战略目标

自《京都议定书》签订以来，缓解气候变暖的影响成为世界共识。当前，气候变化仍然是全球面临的紧迫问题。随着全球二氧化碳排放不断增加，温室气体浓度不断突破历史新高，极端天气频发，对全球可持续发展、生命系统安全形成严重威胁[1]。

在这一背景下，各国采用全球协议的方式来减少温室气体排放，一些发达国家以及发展中国家确定了实现碳达峰和碳中和的时间表。奥地利和冰岛计划在2040年实现净零排放，欧盟、加拿大、日本等组织和国家则确立了2050年的碳中和目标[2]。在全球气候变暖的背景下，中国作为全球最大的温室气体排放国，努力控制碳排放并实现净零排放具有至关重要的意义[3]。

习近平总书记于2020年9月22日在第七十五届联合国大会一般性辩论中宣布：“中国将提高国家自主贡献力度，采取更加有力的政策和措施，二氧化碳排放力争于2030年前达到峰值，努力争取2060年前实现碳中和。”这是中国首次提出“30·60”气候目标[4]。同年12月，在气候雄心峰会上，中国进一步宣布了一系列新举措，包括到2030年单位国内生产总值二氧化碳排放比2005年降低65%以上，非化石能源在一次能源消费中的比重达到25%左右，森林蓄积量比2005年增加60亿立方米，以及风电和太阳能发电总装机容量将达到12亿千瓦以上[5]。

"双碳"目标体现了中国在构建人类命运共同体和实现可持续发展方面的重大战略决策。与其他国家相比，中国将在最短时间内实现碳达峰和碳中和，减排幅度更大，任务更为艰巨。

1.2 碳达峰碳中和"1+N"政策体系

2021年5月，中国成立了碳达峰碳中和工作领导小组，负责指导和协调碳达峰碳中和工作，并在其统一部署下，积极推进建立了"1+N"政策框架，构建了碳达峰碳中和工作的基础架构。在"1+N"政策框架中，"1"代表了顶层设计文件，它是关于"双碳"目标的战略性文件，具有长远导向性，起着整体规划的作用；"N"则代表了不同领域和行业的政策与方案，包括各种实施政策以及各类支持保障政策，以满足碳达峰碳中和工作的需要。

2021年10月24日，中共中央和国务院联合发布了《关于完整准确全面贯彻新发展理念做好碳达峰碳中和工作的意见》（以下简称《意见》，见表1-1)。《意见》以系统性思维为基础，提出了十大方面的31项关键任务，清晰划定了碳达峰碳中和工作的路线图，为全面规划和执行碳达峰碳中和工作奠定了指引[6]。

同年10月26日，国务院颁布了《2030年前碳达峰行动方案》（以下简称《方案》，见表1-2)。《方案》明确了碳达峰的十大行动，规定到2025年，非化石能源消费比重达到约20%，单位国内生产总值能源消耗比2020年降低13.5%，单位国内生产总值二氧化碳排放比2020年减少18%，这为实现碳达峰目标奠定了坚实基础。预计到2030年，非化石能源消费比重达到约25%，单位国内生产总值二氧化碳排放比2005年减少65%以上，确保实现2030年前碳达峰目标。《意见》与《方案》作为"1+N"政策体系的核心内容，共同构成了贯穿碳达峰和碳中和两个阶段的顶层设计。

表 1－1 关于完整准确全面贯彻新发展理念做好碳达峰碳中和工作的意见

政策名称	重点内容	
中共中央 国务院《关于完整准确全面贯彻新发展理念做好碳达峰碳中和工作的意见》	十大方面	推进经济社会发展全面绿色转型
		深度调整产业结构
		加快构建清洁、低碳、安全、高效能源体系
		加快推进低碳交通运输体系建设
		提升城乡建设绿色低碳发展质量
		加强绿色低碳重大科技攻关和推广应用
		持续巩固提升碳汇能力
		提高对外开放绿色低碳发展水平
		健全法律法规标准和统计监测体系
		完善投资、金融、财税价格等政策体系

表 1－2 2030 年前碳达峰行动方案

政策名称	重点内容	
国务院《2030 年前碳达峰行动方案》	十大行动	能源绿色低碳转型行动
		节能降碳增效行动
		工业领域碳达峰行动
		城乡建设碳达峰行动
		交通运输绿色低碳行动
		循环经济助力降碳行动
		绿色低碳科技创新行动
		碳汇能力巩固提升行动
		绿色低碳全民行动
		各地区梯次有序碳达峰行动

在完成顶层设计之后，中央层面相继发布了多项政策（见表 1－3）。这些政策涵盖能源、工业、交通运输、城乡建设等各个领域和行业的碳达峰实施方案，以及科技支持、能源保障、碳汇能力、财政金融政策、标准计量体系、督察考核等各项保障措施。

表 1-3 "N"系列政策体系内容

N 系列	时间	政策	发布单位
能源绿色低碳转型行动	2022 年 3 月 22 日	《"十四五"现代能源体系规划》	国家发展和改革委员会、国家能源局
	2022 年 3 月 23 日	《氢能产业发展中长期规划（2021—2035 年）》	国家发展和改革委员会、国家能源局
节能降碳增效行动	2022 年 1 月 24 日	《"十四五"节能减排综合工作方案》	国务院
	2022 年 2 月 3 日	《高耗能行业重点领域节能降碳改造升级实施指南（2022 年版）》	国家发展和改革委员会、工业和信息化部、生态环境部、国家能源局
工业领域碳达峰行动	2021 年 11 月 15 日	《"十四五"工业绿色发展规划》	工业和信息化部
	2022 年 1 月 20 日	《关于促进钢铁工业高质量发展的指导意见》	工业和信息化部、国家发展和改革委员会、生态环境部
	2022 年 2 月 11 日	《水泥行业节能降碳改造实施指南》	国家发展和改革委员会
	2022 年 3 月 28 日	《关于"十四五"推动石化化工行业高质量发展的指导意见》	工业和信息化部、国家发展和改革委员会、科学技术部、生态环境部、应急部、国家能源局
	2022 年 4 月 12 日	《关于化纤工业高质量发展的指导意见》	工业和信息化部、国家发展和改革委员会
城乡建设碳达峰行动	2021 年 10 月 21 日	《关于推动城乡建设绿色发展的意见》	中共中央办公厅、国务院办公厅
	2022 年 3 月 1 日	《"十四五"住房和城乡建设的科技发展规划》	住房和城乡建设部
	2022 年 5 月 7 日	《农业农村减排固碳实施方案》	农业农村部、国家发展和改革委员会
	2022 年 6 月 30 日	《城乡建设领域碳达峰实施方案》	住房和城乡建设部、国家发展和改革委员会
循环经济助力降碳行动	2021 年 7 月 1 日	《"十四五"循环经济发展规划》	国家发展和改革委员会

续表

N 系列	时间	政策	发布单位
绿色低碳科技创新行动	2021 年 11 月 29 日	《“十四五”能源领域科技创新规划》	国家能源局、科学技术部
碳汇能力巩固提升行动	2022 年 1 月 28 日	《林草产业发展规划（2021—2025 年）》	国家林草局
	2022 年 2 月 21 日	《海洋碳汇经济价值核算方法》	自然资源部
绿色低碳全民行动	2022 年 4 月 19 日	《加强碳达峰碳中和高等教育人才培养体系建设工作方案》	教育部
各地区梯次有序碳达峰行动	各地区具体实施政策以战略性指导文件、保障支撑文件、地方法规等形式出台		
保障政策	2022 年 3 月 15 日	《关于做好 2022 年企业温室气体排放报告管理相关重点工作的通知》	生态环境部
	2022 年 5 月 31 日	《支持绿色发展税费优惠政策指引》	国家税务总局

面向“双碳”目标的政策体系已经初步形成，“1 + N”政策框架的各项文件正在逐步建立，这些文件将确立明确的目标、合理的任务分工、有效的措施，以形成良好的政策衔接。在各个领域，相关工作正在有序推进，碳达峰和碳中和工作已经实现良好的开端。

第2章 新能源产业政策梳理

2.1 新能源政策演变

中国新能源政策演变是一个复杂的过程，涉及国家层面的宏观调控和地方政府的实际执行[7]，两者相互配合、相互作用，共同构成了中国新能源政策演变过程中的核心推动力量与实践保障体系。以下是详细的政策发展阶段。

早期探索（20世纪80年代末至2000年）：中国能源格局呈现传统能源主导的显著特征，工业生产与社会运转高度依赖煤炭、石油等传统能源。工业部门中，重工业（如钢铁、化工等行业）的大规模扩张，使得煤炭和石油的消耗量持续攀升，成为推动经济增长的关键动力。交通运输体系也主要依靠汽油、柴油维系，传统能源在能源供应体系中占据压倒性地位，新能源产业则处于起步的艰难困境。随着全球环境问题的日益凸显，以及可持续发展理念在国际和国内的广泛传播，中国对新能源的探索逐渐开启。这一时期，中国开始在科研层面布局新能源研究，高校与科研机构逐步增加对太阳能、风能、生物质能等新能源技术研发的投入，尝试突破技术瓶颈，为新能源研究的后续发展奠定了一定的理论与技术基础。政府也开始关注新能源领域的国际动态，积极参与相关国际交流与合作项目，学习借鉴国外先进经验与技术模式，初步构建起新能源政策探索的国际视野，为中国新能源政策体系的形成与完善迈出了开创性的第一步，开启了由传统能源主导向新能源探索转型的关键进程。

初始立法和政策支持（2001—2005 年）：为推动新能源产业的发展，中国于 2005 年制定了《中华人民共和国可再生能源法》（以下简称《可再生能源法》），从法律层面明确了可再生能源在国家能源战略中的地位，为新能源产业的规范化、规模化发展提供了坚实的法律框架。其规定的一系列原则与制度，如可再生能源发电的并网保障、分类上网电价制度等，有效降低了新能源企业面临的政策不确定性风险，吸引社会资本初步流入。其中，在技术研究方面，专项资金资助科研机构与高校开展前沿性新能源技术攻关，加快了从基础研究到应用技术转化的步伐。在产业化方面，资金支持助力企业扩大生产规模、建设示范项目，提升新能源产品的市场竞争力与社会认可度。这一阶段的立法与资金支持举措相互配合，初步构建起有利于新能源产业发展的政策生态，激发了市场主体参与新能源开发利用的积极性，为后续新能源产业的高速发展奠定了坚实的基础。

政策扶持和市场培育（2006—2010 年）：《可再生能源法》的正式实施成为核心驱动。强制市场份额政策工具的运用，从法规层面要求能源消费市场必须接纳一定比例的新能源，有力地拓宽了新能源的应用领域与市场空间，促使传统能源企业及相关产业链向新能源领域转型与拓展。另外，价格补贴与税收优惠政策双管齐下。价格补贴直接作用于新能源发电企业，弥补了其在初始发展阶段因成本较高而导致的竞争力不足的缺陷，显著降低了新能源电力的市场价格风险，激励企业扩大生产规模，增加技术改进投入。国家发展改革委发布的风电、太阳能等新能源发电国家补贴标准，使企业拥有稳定收入预期，吸引了更多资源流入该领域。税收优惠政策则从成本端减轻企业负担，提高了企业的盈利能力与资金周转效率，加速了新能源产业的资本积累与技术创新进程。此阶段的政策组合拳有效激发了市场活力，推动了新能源产业从萌芽期到成长期的跨越，初步形成了以政策为导向、以企业为主体、以市场为依托的新能源产业发展格局，为后续产业的深化调整与持续优化奠定了坚实基础。

产业调整与优化（2011—2015 年）：在该阶段，光伏产业的产能过剩以及国际贸易摩擦问题凸显，成为政策调整的重要背景。政府通过一系列举措应对挑战并谋求长远发展。针对产能过剩，政府推动行业整合，淘汰落后产能，鼓励优势企业通过兼并重组等方式扩大规模，提升产业集中度与资源配置效率。同时，提高技术标准成为关键着力点，旨在引导企业由粗放式扩张向内涵式发展转变，加大技术研发投入以提升产品质量与生产效率，增强产业核心竞争力。新能源“十二五”规划在此阶段发挥了战略引领作用。其中，明确风电、太阳能、生物质能和地热能等为重点发展方向，为产业提供了清晰的发展路径。在风电领域，注重优化布局与技术升级；在太阳能领域，解决产能过剩问题，并推动应用市场多元化拓展；在生物质能与地热能领域，则依据其资源特性与发展潜力，加强技术研发与示范项目建设。这一阶段的政策调整为新能源产业的可持续发展奠定了坚实基础，促进了产业结构的优化升级与国际竞争力的初步塑造。

市场化改革加速（2016—2020年）：这一阶段，中国新能源政策呈现鲜明的转型特征。第一，削减新能源直接补贴是一项关键举措。长期的补贴政策虽推动了新能源产业的快速发展，但也暴露出诸多问题，如部分企业过度依赖补贴、市场竞争机制扭曲等。逐步削减补贴旨在促使新能源企业真正依据市场需求与成本效益原则进行生产运营，倒逼企业通过技术创新降低成本、提高效率，从而增强在无补贴环境下的自生能力，推动产业由政策驱动型向市场驱动型转变。第二，绿色证书交易机制的实施意义深远。该机制通过赋予绿色电力环境属性，以可交易的证书形式构建了一个全新的市场调节体系。一方面，它为新能源发电企业开辟了除补贴与电能销售之外的额外收益渠道，激励企业扩大生产规模与提升发电质量；另一方面，它为电力消费者提供了一条支持绿色能源发展的途径，引导社会资本向新能源领域流动。绿色证书交易机制的建立，有效增强了新能源市场的自我调节能力，促进了新能源在更大范围内的优化配置，推动了能源结构调整与可持续发展目标的实现，也为后续新能源市场的进一步完善和与国际接轨奠定了坚实基础。

新时期的能源转型（2021年至今）：自2021年我国“双碳”工作开启，新能源政策步入全新转型阶段。“双碳”目标下的顶层设计完善与

“1 + N”政策体系构建，彰显了战略布局的系统性与全面性。能源领域被视为“双碳”工作的主战场，政策和措施的制定专注于构建清洁、低碳、安全、高效的现代能源体系。2022 年 3 月，国家发展改革委和国家能源局发布《“十四五”现代能源体系规划》，在“十四五”规划和 2035 年远景目标纲要框架内明确了能源消费与生产新目标，为新能源产业指明发展量化方向。该规划加大了对新能源汽车、智能电网和储能系统的支持力度，契合能源转型多元需求。新能源汽车的发展助力交通领域减排，智能电网优化能源传输与分配效率，储能系统则有效解决新能源间歇性与波动性问题，提升能源供应的稳定性与可靠性。同时，该规划宣布了碳达峰碳中和时间表，极大地提升了政策紧迫性与要求高度。提升清洁能源比例成为必然趋势，应推动能源存储技术突破与产业化应用，加速电动汽车技术创新与市场普及，以实现能源生产与消费模式深度变革。此阶段政策旨在以能源转型为突破口，带动全社会各领域绿色低碳转型，应对全球气候变化挑战，为我国可持续发展奠定坚实能源基础，并贡献全球气候治理的中国方案。

综上所述，中国新能源产业政策的演变并不是线性的，而是在国内外环境变化、技术进步和市场需求的共同作用下不断适应与调整。未来，随着国际合作的加深、技术的进一步突破和国内市场的成熟，中国的新能源政策将继续演变，积极应对全球气候问题，实现经济社会可持续发展。

2.2　国家层面的新能源产业政策

国家层面的新能源产业政策体现了我国对可持续发展和清洁能源转型的承诺。中央政府依据国家整体战略布局、长期发展规划以及对全球能源格局与环境形势的综合研判，构建了一系列具有指导性、纲领性的新能源政策框架。这些政策框架往往综合考虑能源安全、环境保护、经济可持续发展等多项目标之间的平衡与协调，通过财政政策、税收政策、产业政策等多种政策工具的组合运用，从宏观上引导新能源产业的发展方向，激励技术创新与研发投入，提升新能源在能源结构中的占比。

可以发现，国家政策坚持能源安全与绿色低碳转型并重，大力提升非化石能源的可靠替代能力，推动风电、光伏发电跃升发展，有序推进大型风电光伏基地建设以及重大水电项目建设；持续推进能源科技创新，技术水平不断提高，技术进步成为推动能源发展动力变革的基本力量。国家政策着力构建有效竞争的市场结构和市场体系，形成主要由市场决定能源价格的机制，推进电力市场建设。此外，国家深化拓展“一带一路”能源合作，积极参与全球能源治理，保障开放条件下的国家安全水平。近年来，中国在国家层面出台了一系列政策和措施，旨在推动新能源产业的发展。表 2－1 列出了一些关键的政策。

表 2－1　国家层面部分新能源重要产业政策梳理

时间	政策	发布单位
2005 年 2 月 28 日	《可再生能源法》	全国人民代表大会常务委员会
2007 年 9 月 4 日	《可再生能源中长期发展规划》	国家发展和改革委员会
2013 年 7 月 15 日	《关于促进光伏产业健康发展的若干意见》	国务院
2015 年 3 月 15 日	《关于进一步深化电力体制改革的若干意见》	中共中央、国务院
2016 年 10 月 26 日	《节能与新能源汽车技术路线图》	工业和信息化部、中国汽车工程学会
2020 年 11 月 2 日	《新能源汽车产业发展规划（2021—2035 年）》	国务院办公厅
2020 年 12 月 21 日	《新时代的中国能源发展》白皮书	国务院新闻办公室
2021 年 10 月 24 日	《2030 年前碳达峰行动方案》	国务院
2022 年 3 月 17 日	《2022 年能源工作指导意见》	国家能源局
2022 年 3 月 22 日	《“十四五”现代能源体系规划》	国家发展和改革委员会、国家能源局
2022 年 5 月 14 日	《关于促进新时代新能源高质量发展的实施方案》	国家发展和改革委员会、国家能源局
2023 年 1 月 6 日	《新型电力系统发展蓝皮书（征求意见稿）》	国家能源局
2023 年 1 月 13 日	《关于推动能源电子产业发展的指导意见》	工业和信息化部等六个部门
2023 年 1 月 14 日	《2023 年能源监管工作要点》	国家能源局

续表

时间	政策	发布单位
2023 年 2 月 27 日	《加快油气勘探开发与新能源融合发展行动方案（2023—2025 年）》	国家能源局
2023 年 3 月 8 日	《2023 年能源行业标准计划立项指南》	国家能源局综合司
2023 年 3 月 16 日	《绿色产业指导目录（2023 年版）》	国家发展和改革委员会
2023 年 3 月 28 日	《关于加快推进能源数字化智能化发展的若干意见》	国家能源局
2023 年 4 月 1 日	《碳达峰碳中和标准体系建设指南》	国家标准化管理委员会等十一个部门
2023 年 4 月 6 日	《2023 年能源工作指导意见》	国家能源局
2023 年 7 月 11 日	《关于推动能耗双控逐步转向碳排放双控的意见》	中央全面深化改革委员会
2023 年 7 月 19 日	《氢能产业标准体系建设指南（2023 版）》	国家标准化管理委员会等六个部门
2023 年 8 月 22 日	《绿色低碳先进技术示范工程实施方案》	国家发展和改革委员会等十个部门
2023 年 9 月 27 日	《关于组织开展可再生能源发展试点示范的通知》	国家能源局
2023 年 10 月 20 日	《国家碳达峰试点建设方案》	国家发展和改革委员会
2024 年 5 月 23 日	《2024—2025 年节能降碳行动方案》	国务院
2024 年 8 月 29 日	《中国的能源转型》白皮书	国务院新闻办公室
2024 年 9 月 30 日	《关于提升新能源和新型并网主体涉网安全能力服务新型电力系统高质量发展的通知》	国家能源局
2024 年 10 月 8 日	《电力辅助服务市场基本规则（征求意见稿）》	国家能源局
2024 年 10 月 9 日	《分布式光伏发电开发建设管理办法（征求意见稿）》	国家能源局
2024 年 10 月 18 日	《关于大力实施可再生能源替代行动的指导意见》	国家发展和改革委员会等六个部门

2.3　省市层面的新能源产业政策

省市层面的新能源产业政策通常是在国家政策框架下，根据各地实际情况制定的。各地方政府在遵循国家宏观政策导向的基础上，充分结合本地的资源禀赋、产业基础、经济发展水平以及社会需求等实际情况，细化国家政策，推动政策的实施。不同省市的政策重点和具体措施可能有所不同，但大体方向是一致的，即促进新能源产业的发展和能源结构的优化。

具体来说，各省市根据资源条件和产业定位，进行差异化布局，形成产业集群。例如，上海以智能网联汽车为引领，北京强化总部经济和产业链布局，西安、合肥等新兴城市加速崛起。同时，省市层面政策明确提出新能源发展目标，如风电、光伏装机容量增长，新能源汽车产量提升，推动绿色低碳转型。此外，省市政策支持新能源技术创新，推动产业升级，如光伏、风电技术进步，以及新能源汽车产业链的强化；多省市设立百亿级新能源领域基金，加大金融支持力度，促进绿色债券、绿色基金规模快速扩张。表 2 - 2 是部分省市层面的政策梳理。

表 2 - 2　省市层面部分新能源代表政策

时间	政策	发布单位
2021 年 2 月 4 日	《上海市加快新能源汽车产业发展实施计划（2021—2025 年）》	上海市人民政府办公厅
2021 年 10 月 9 日	《天津市新能源产业“十四五”专项规划》	天津市工业和信息化局
2022 年 3 月 11 日	《天津市能源发展“十四五”规划》	天津市发展和改革委员会
2022 年 4 月 16 日	《上海市能源发展“十四五”规划》	上海市人民政府
2022 年 5 月 27 日	《北京市“十四五”时期能源发展规划》	北京市人民政府
2022 年 7 月 7 日	《北京市 2022 年能源工作要点》	北京市发展和改革委员会、北京市城市管理委员会
2023 年 1 月 5 日	《四川省碳达峰实施方案》	四川省人民政府
	《关于支持宜宾建设生态优先绿色低碳发展先行区的意见》	中共四川省省委、四川省人民政府
2023 年 1 月 3 日	《贵州省能源领域碳达峰实施方案》	贵州省能源局、贵州省发展和改革委员会
2023 年 1 月 9 日	《电动汽车充换电设施有序充电和 V2G 双向能量互动技术规范》	深圳市发展和改革委员会

续表

时间	政策	发布单位
2023 年 1 月 9 日	《天津市交通运输领域绿色低碳发展实施方案》	天津市交通运输委员会、天津市发展和改革委员会、天津市工业和信息化局、天津市生态环境局
	《天津市“十四五”扩大内需战略实施方案》	天津市发展和改革委员会
2023 年 1 月 28 日	《上海市减污降碳协同增效实施方案》	上海市生态环境局等八个部门
2023 年 1 月 29 日	《重庆市工业领域碳达峰实施方案》	重庆市经济和信息化委员会、重庆市发展和改革委员会、重庆市生态环境局
2023 年 1 月 29 日	《浙江省加快新能源汽车产业发展行动方案》	浙江省发展和改革委员会、浙江省经济和信息化厅、浙江省科学技术厅
2023 年 2 月 6 日	《上海市交通领域碳达峰实施方案》	上海市交通委员会、上海市发展和改革委员会
2023 年 2 月 6 日	《2023 年市政府工作报告目标任务分解方案》	湖南省人民政府办公厅
2023 年 2 月 7 日	《2023 年全省能源工作指导意见》	山东省能源局
2023 年 2 月 7 日	《广东省碳达峰实施方案》	广东省人民政府
2023 年 2 月 8 日	《陕西省“十四五”节能减排综合工作实施方案》	陕西省人民政府
2023 年 2 月 17 日	《陕西省碳达峰实施方案》	陕西省人民政府
2023 年 2 月 19 日	《2023 年市政府工作报告目标任务分解方案》	重庆市人民政府办公厅
2023 年 2 月 23 日	《宁夏“十四五”新型储能发展实施方案》	宁夏回族自治区发展和改革委员会
2023 年 2 月 24 日	《河南省减污降碳协同增效行动方案》	河南省生态环境厅等七个部门
2023 年 3 月 7 日	《山东省能源绿色低碳高质量发展三年行动计划（2023—2025 年）》	山东省能源局
2023 年 3 月 9 日	《福建省“光储充检”充电基础设施建设管理指南（试行）》	福建省工业和信息化厅等七个部门
2023 年 3 月 15 日	《2023 年全省装备制造业发展工作要点》	浙江省经济和信息化厅

续表

时间	政策	发布单位
2023 年 3 月 20 日	《山西省风电装备产业链 2023 年行动方案》	山西省能源局、山西省工业和信息化厅
2023 年 3 月 22 日	《河南省工业领域碳达峰实施方案》	河南省工业和信息化厅、河南省发展和改革委员会、生态环境厅
2023 年 3 月 28 日	《关于做好 2023 年风电、光伏发电开发建设有关事项的通知》	上海市发展和改革委员会
2023 年 4 月 10 日	《河北省战略性新兴产业融合集群发展行动方案（2023—2027 年）》	河北省人民政府办公厅
2023 年 6 月 1 日	《关于 2023 年度充换电基础设施财政补贴政策的通知》	重庆市财政局、重庆市经济和信息化委员会
2023 年 6 月 2 日	《北京市居住区新能源汽车充电“统建统服”试点工作方案》	北京市城市管理委员会
2023 年 6 月 8 日	《全面推进“电动福建”建设的实施意见（2023—2025 年）》	福建省工业和信息化厅等十个部门
2023 年 6 月 15 日	《上海市推动制造业高质量发展三年行动计划（2023—2025 年）》	上海市人民政府办公厅
2023 年 7 月 15 日	《上海市清洁空气行动计划（2023—2025 年）》	上海市人民政府办公厅
2023 年 7 月 20 日	《上海交通领域氢能推广应用方案（2023—2025 年）》	上海市交通委员会、上海市发展和改革委员会、上海市经济和信息化委员会
2023 年 7 月 20 日	《重庆市先进制造业发展“渝西跨越计划”（2023—2027 年）》	重庆市人民政府
2023 年 8 月 2 日	《新疆维吾尔自治区工业领域碳达峰实施方案》	新疆维吾尔自治区工业和信息化厅、新疆维吾尔自治区发展和改革委员会、新疆维吾尔自治区生态环境厅
2023 年 8 月 11 日	《关于加快构建湖北省高质量充电基础设施体系的实施意见》	湖北省人民政府办公厅
2023 年 9 月 19 日	《天津市进一步构建高质量充电基础设施体系的实施方案》	天津市发展和改革委员会
2023 年 10 月 27 日	《甘肃省 2024 年省内电力中长期年度交易组织方案》	甘肃省工业和信息化厅
2023 年 12 月 26 日	《关于开展 2024 年电力市场交易有关事项的通知》	青海省能源局

续表

时间	政策	发布单位
2023 年 12 月 29 日	《河南省优化工业电价若干措施》	河南省发展和改革委员会
2024 年 2 月 2 日	《2024 年全省能源转型工作要点》	山东省能源局
2024 年 9 月 30 日	《山西省能源领域 2024—2025 年节能降碳行动计划》	山西省能源局
2024 年 10 月 15 日	《上海市绿色电力交易实施方案》	上海市发展和改革委员会、上海市经济和信息化委员会、国家能源局华东监管局
2024 年 10 月 7 日	《关于规范新型储能项目管理有关事项的通知》	湖南省发展和改革委员会
2024 年 10 月 10 日	《云南电力市场监管实施办法》	国家能源局云南监管办公室
2024 年 10 月 14 日	《贵州省 2024 年度风电光伏发电建设规模项目计划（第二批）》	贵州省能源局
	《贵州省 2024 年度分散式风电建设规模试点项目计划》	贵州省能源局
2024 年 10 月 14 日	《云南省 2024 年第二批新能源项目开发建设方案》	云南省发展和改革委员会、云南省能源局
2024 年 10 月 14 日	《福建省 2024 年度可再生能源电力消纳保障实施方案》	福建省发展和改革委员会、国家能源局福建监管办公室
2024 年 10 月 21 日	《关于加快推进 2024 年重点建设风电、集中式光伏发电项目的通知》	湖南省发展和改革委员会
2024 年 10 月 23 日	《山东省加快构建废弃物循环利用体系实施方案》	山东省人民政府办公厅
2024 年 10 月 23 日	《安徽省加快推动建筑领域节能降碳实施方案》	安徽省住房和城乡建设厅、安徽省发展和改革委员会
2024 年 10 月 25 日	《贵州省新型储能参与电力市场交易实施方案（试行）》	贵州省能源局

第二篇

新能源项目后评价理论及方法

第3章　项目后评价概述

3.1　项目后评价概念

项目后评价（又称项目后评估）在项目管理中占据重要地位，它是投资项目周期中的一个关键环节，对投资决策至关重要，并且在监管投资活动时发挥重要作用[8]。项目后评估的范围包括前期决策评估、实施和运营评估、技术水平评估、效益和影响评估，以及目标的可持续性评估等，这些内容共同构成了项目后评估的核心要素[9]。

3.1.1　项目后评价定义

项目后评价在我国的发展历史不长，国内外理论与实际工作者对此仍有不同理解，对于其定义未有权威、规范的解释[10]。一般意义下，项目后评价的含义可以表述为：对已经完成并实现运营的项目的规划目的、执行过程、效益、作用和影响进行的系统的、客观的分析与总结的一种技术经济活动，分析项目活动中所产生的收益、社会和环境影响等方面的问题，未来发展的持续性同样包括在内。其目的在于通过获取项目施工过程中实际发生的数据和资料，对项目的施工过程、运营情况、技术水平、综合效益等方面进行详细的分析，对项目实施过程前后的区别有一定的了解，比较项目建设前的预设情形和实际投产运营之后的情况，评价此项目的目标预期、规划、效益的完成和实现程度，从而对项目之前的预测和决策情况是否正确有所判断，进而为今后改进项目方案、改善管理和经营工作的环境与条件提出实际可行的措施，以增强项目未来的投资效益。这些措施的最终目标是提高项目的投资回报率和效益，实现有关群体利益最大化。

项目后评价有狭义和广义之分[11]。狭义的项目后评价指投资项目完成之后所进行的评价。根据《中央企业固定资产投资项目后评价工作指南》，它是指通过调查研究及系统回顾项目实施过程、结果及影响，对比项目决策时确定的目标、技术、经济等指标，分析变化原因，总结经验、教训、启示，提出相应建议；通过项目后评价反馈，发现项目决策与实施过程中的问题与不足，提高新一轮项目决策和投资管理水平，达到提高投资效益的目的。

广义的项目后评价包括项目中间评价（中间跟踪评价、中期评价），即对项目从开始到验收前进行的阶段性评价，在过程中某一时点，评价建设实际情况。一般用于规模大、情况复杂、工期长，或者主客观条件出现较大变化时的情况。中间评价除总结经验教训以指导下一阶段工作外，还应以项目实施过程中出现重大变化因素为着眼点，重点评价变化因素对项目实施和项目预期目标的影响。

3.1.2 项目后评价类型

（1）根据评价时间的差异，项目后评价可分为项目跟踪评价、项目实施效果评价和项目影响评价。项目跟踪评价，又称项目中间评价，是指在从项目开工到竣工验收之前的任何时间点进行的评价。项目实施效果评价，通常称为项目后评价，是指项目竣工后一段时间内的评价。项目影响评价，又称项目效益评价，是指在项目后评价报告完成一定时间后进行的评价。

（2）根据决策需求差异，项目后评价分为宏观决策型后评价和微观决策型后评价。宏观决策型后评价是涉及国家、地区和行业发展战略的评价，微观决策型后评价则是为了帮助某个项目组织或管理机构积累经验而进行的评价。

3.1.3　项目后评价与项目前评价的异同

项目前评价是从项目整体角度出发，并在项目投资决策之前综合评估项目及其选定方案，以明确项目的可行性和优劣，为决策提供依据[12]。项目后评价与项目前评价是相互联系但又有所不同的两种项目管理活动。它们的共同之处在于都进行了项目生命周期的技术经济论证，采用了定性与定量相结合、财务分析静态与动态相结合的方法。然而，它们之间也存在很大差异，包括以下几个方面。

（1）评价侧重点不同

项目前评价集中于定量指标，特别注重经济效益分析，其直接用途在于为项目的投资决策提供支持。在这个阶段，关注的主要是项目是否在经济层面上具备可行性，以便决策者能够做出明智的资金投入决策。

相反，项目后评价更为全面，牵涉行政、法律、经济、社会、建设、生产等多个方面。其目标是评价项目实施的多方面结果，从而间接影响未来的投资决策。这一阶段的评价不仅关注经济效益，还关注项目在各个层面的实际影响，为决策者提供更全面、多角度的信息，帮助其更全面地了解项目的整体状况。

（2）评估内容不同

项目前评价主要聚焦于项目建设的必要性、可行性、合理性、技术方案和生产条件等方面，以对未来的经济效益和社会效益进行科学预测，旨在在项目决策之前提供全面的信息，为决策者提供科学依据。

项目后评价不仅对上述方面进行再次评价，还专注于评价项目决策的准确性和实施效率。它通过对项目实际运行状况进行深入细致的分析，检视项目的决策过程和实施过程，以确定项目是否按照预期产生了经济和社会效益。这种全面的评价有助于发现潜在问题、总结经验教训，并为未来的项目决策和实施提供有益指导。因此，项目后评价在更大程度上涵盖了项目整体的执行情况，可为项目管理和未来决策提供深刻的见解。

（3）评估依据不同

项目前评价主要基于历史和经验性资料，以及政策、法规、方法和参数等，对项目投产后的情况进行假设和预测。这一阶段的评价侧重在项目决策之前利用可用信息对项目的可能结果进行初步估计。

相比之下，项目后评价主要基于实际建成投产后的资料，通过与历史资料进行对比分析，对项目的实际表现进行评价。该阶段的评价更为依赖实际发生的情况，以验证前期假设的准确性，并为未来类似项目提供实用的经验教训，具有更高的准确性和说服力，结果更具实际意义。

（4）评价阶段和目的不同

项目前评价在项目决策前的初期阶段进行，其目的在于协助决策过程，为项日融资提供决策基础。相比之下，项目后评价发生在项目建成投产后的一段时间内，通常在投产后 2 年左右，对项目整个周期进行全面评价，是对项目经验的总结。

综合上述情况，项目后评价按照国家政策、法规和体制规定，对项目的决策水平、管理水平及实施结果进行严格的检验和评估。通过与前评估进行比较分析，总结项目的经验和教训，识别潜在问题并提出解决方案，以促使项目更迅速、更有效地实现预期效益。这种比较和总结的过程有助于为未来项目提供宝贵的指导与借鉴。

3.1.4　项目后评价主要特点

与项目的前期决策及可行性分析相比，项目后评价的特点体现在以下五点。

（1）现实性

现实性是指项目后评价基于项目的实际情况，包括项目建设、执行和运营，对实践过程中的现实情况和实际运行数据进行评价。评价所使用的数据完全来自项目的实际执行过程，对项目实际执行的过程进行总结，其结果具有直接的实际意义。现实性是项目后评价与项目前评价的最大区别。

（2）广泛性

广泛性不仅体现在资源上，还体现在人员投入上。对工程项目，特别是大型综合性工程项目进行项目后评价，需要广泛的资源投入，所运用的分析方法往往涉及专业技术、经济效益分析以及数理统计等多个领域；人员投入的广泛性则体现在需要多种多样的相关人员及专家。

（3）全面性

全面性主要体现在评价内容和评价角度两个方面。首先是评价内容的全面性，评价内容涉及项目实施的全部过程，包括前期决策阶段、项目实施阶段、竣工验收阶段、项目运行阶段等，项目从无到有的每个阶段均在评价范围内；其次是评价角度的全面性，项目后评价从多个角度对项目进行评价，包括技术角度、经济角度、社会和环境效益角度以及综合评价等。

（4）反馈性

较之项目前评价，项目后评价更像是一种工作总结。通过总结经验，发现问题，包括前期决策是否合理、可行性分析有哪些不足、技术水平是否达标等，对项目前期所做的工作进行评价，对完工后的情况加以分析，这些结论能够为决策者以后的投资决策提供很好的指导。

（5）特殊性

特殊性体现在对于不同的评价对象，所展开的工作是不同的。因为不同行业，不同项目类型的性质不同，所以评价的范围、侧重点和工作量也有所不同。以风电场建设项目为例，由于风电属于新兴行业，所以对项目的技术水平应当予以重视，电力建设项目投资成本大，涉及范围广，相关的项目后评价工作也会有较大的工作量。

3.2　项目后评价国内外发展综述

3.2.1　项目后评价国外发展综述

国外项目后评价开始时间较早，发展历史悠久，逐渐形成了相对丰富、完整的理论体系。项目后评价的发展过程大致可以分为以下三个阶段。

首先，早期发展阶段（1830—1930 年）。在这个阶段，古典派经济学家，如亚当·斯密和米歇尔，以私有企业追求最大利润的行为分析为重点，直到富兰克林首次应用成本—效益分析方法对项目进行评价。此外，1844 年法国工程师杜皮特发表《公共工程项目效益的度量》，消费者剩余与公共工程社会效益概念首次被提出。在这一时期，国际项目评价领域初步发展[13]。

其次，传统的社会费用—效益方法发展与应用阶段（1930—1968 年）。

在之后的时期，社会费用—效益分析依托福利经济学和凯恩斯理论逐渐占据主导地位。1960 年以后，成本—效益分析方法得到进一步的深化和完善，其应用范围也显著扩大。起初主要应用于水利和公共工程领域，后来逐渐扩展到农业、工业以及其他经济部门。此外，该方法传播到欧洲及发展中国家，逐渐成为国际上广泛使用的评估工具，各国的项目评价工作有了较显著的进展[14]。

最后，新时代新方法产生与发展阶段（1968 年至今）。1971 年，联合国工业发展组织发布了《项目评估指南》，提出了项目后评价的新方法。1980 年，该组织提出将项目对国民收入的贡献作为判断项目价值的标准，并出版了《工业项目评估手册》。这一举措为项目评价领域带来了新的方法和标准。目前，项目评价已成为西方发达国家与发展中国家在项目管理过程中不可或缺的程序之一[15]。国外的项目后评价历经近 200 年的研究发展，已形成完整的项目评价体系。

项目后评价实践起源于美国。1930 年以后，为了适应当时罗斯福政府对重大社会计划项目管理的需要，美国率先开展了针对经济大萧条时期及逆行的“新分配”计划的项目后评价活动，作为监督联邦政府控制的政策性投资手段。1960 年以后，美联邦政府在“向贫困宣战”（war on poverty）计划中投入巨额的公共财政资金，这一资金投入的使用、效益以及社会影响均引起了国会和公众的高度关注，因此进行了以投资效益评价为核心的项目后评价。项目后评价的理论和实践均得到了初步的发展和完善，且项目后评价在金融领域占据了举足轻重的地位[16]。

瑞典同样较早开始了项目后评价。1939年，瑞典明确了国家重大项目投资应该公开结果、明确过程，并接受监督。在国家层面，瑞典建立国家审计署、议会审计师事务所来负责管理评价工作。各行业部门和政府均设立自己的评价机构。这些相关机构负责检查国家投资项目的效益和影响，并将结果向公众公示。瑞典政府部门于1945年针对国家投资项目建立了专门的后评价制度，对相关工作的有效性、项目效果与质量进行评价并提出建议，有效地提高了项目效率和政府决策公信力[17]。

随后，许多西方国家逐渐在金融、交通、建筑等多个领域展开了项目后评价工作。20世纪70年代中后期，项目后评价在美国、加拿大、英国等多个国家以及世界银行、亚洲开发银行等国际机构组织中迅速发展。同时，项目后评价所涵盖的行业范围得到了进一步的扩展。在这一时期，项目后评价在全球范围内被广泛应用和得到发展。

项目后评价在英国出现较早，但发展速度缓慢。20世纪60—70年代，中央政府决定更严格地控制部门开支并对其进行优先排序。由于来自数据采集、后评价组织机构以及专业人员稀缺等各方面的压力，英国项目后评价工作开始停滞。一直到1994年，英国后评价协会成立，项目后评价工作才得到政府部门的重视。

加拿大的项目后评价始于20世纪60年代，这一时期，加拿大开始以零散的、非系统的方式首次尝试在联邦政府建立一个综合性可持续的后评价机构。1977年，加拿大建立了总监办公室，职责是监督各部门的后评价工作，制定后评价标准办法。与此同时，总审计长办公室被授权项目的效率测度和报告工作执行情况的审计权。1990年，加拿大政府在《2000年的公共服务》白皮书中强调，要重视项目实施成效的追踪并且相应减少中央政府的控制力，要求项目后评价工作在监督业绩信息方面发挥重要作用。经过40多年的发展，加拿大后评价制度体系基本形成，包括内部审计和议会审计体系，并将后评价与项目实施过程中的评价结合。实施过程中的评价被视为后评价整体系统中不可或缺的组成部分。这一制度的建立使加拿大在项目后评价方面取得了显著的进展。

美国于20世纪70年代末正式颁布《行政部门管理改进和后评价应用》，该文件明确指出：各级部门应对实施的各类项目开展后评价工作，了解其实施效率，对存在的不足及时整改，从而更好地服务大众。项目后评价由此成为国家制定政策的重要工具。1980年，这一有关工作逐渐扩展到地方政府层面，至此，项目后评价工作涉及的领域日渐广阔，评价方法不断创新，不同行业甚至企业逐渐形成了适合自己的项目后评价办法与指标体系。

3.2.2 项目后评价国内发展综述

我国项目后评价工作较国外起步晚，直到20世纪80年代，我国才真正研究并使用了项目后评价机制。1988年，中国工程咨询公司第一次针对我国建设的关键项目进行了后评价。1992年，钱学森指出，要结合后评价指标、专家、方法、计算机程序、计算机硬件和后评价技术，对复杂系统进行有效的事后评价，这有助于提高事后评价的可扩展性。首先进行项目后评价的行业是建筑行业，最具代表性的应用领域是公路建设项目，形成了完整的研究体系。我国最初的项目后评价部门是中国石油，2004年就构建了比较独立的后评价体系。这个环节的后评价与国外相比存在一定的相似性，我国金融行业在分析项目后评价中起步比较早。1992年，建设银行公布了贷款项目的事后评价办法与工作流程，这些都是借鉴世界银行构建产生的。

总体上，我国项目后评价始于20世纪80年代，经过40多年的发展，国内的项目后评价理论日渐完善。回顾该发展历程，可将其归纳为三个历史阶段[18]：起步于20世纪80年代初，原国家计委率先提出开展建设项目后评价工作；初步推广时期为80年代中后期，原国家计委选择试点项目开展项目后评价研究，之后有关部门出台了后评价相关法规制度，使我国后评价工作逐步规范；90年代至今为快速发展阶段，中共中央、国务院、国家发展改革委等颁布了一系列后评价的管理方法和评价规范，项目后评价工作在各行业迅速开展起来。

国内项目后评价一直是一种关键性的管理实践，旨在评估项目的效益、效率和可持续性。在中国，项目后评价一直以来都受政府和企业的高度重视。政府也出台了一系列政策和法规，要求各级政府和企业对项目进行定期评估，以确保资源的最佳利用。国内项目后评价的一个显著特点是其方法的多样性。评价方法应随项目的性质、规模和领域而变化。常见的评价方法包括成本效益分析、社会影响评估、可持续性评价等。这种多样性使中国在评估各种类型的项目时更加灵活。不仅如此，随着信息技术的迅猛发展，国内项目后评价受益匪浅。大数据分析和人工智能技术已经应用到评价过程中，使评价更加准确和高效。这些技术的使用有助于更好地理解项目的风险和机会，从而更好地制定政策和战略。

国内项目后评价的另一个显著趋势是对可持续发展的强调。政府鼓励项目评价考虑环境、社会和经济的可持续性，以确保项目的长期成功。这一点在国内企业中得到广泛推崇，它们越来越多地将可持续性因素纳入项目评价。尽管国内项目后评价在许多方面取得了巨大进展，但仍然面临一些挑战。其中之一是数据质量和透明度问题，如何确保项目评价的数据准确性和可信度仍然是一个难题；另一个挑战是人才短缺，需要更多受过专业培训的评估师来满足需求。

总的来说，国内项目后评价在不断发展和成熟，成就瞩目。可以预见，在当前技术不断进步和政策支持情景下，这一领域将在未来继续蓬勃发展，为中国的可持续发展和经济增长做出更大的贡献。

3.3　项目后评价主要内容及流程

3.3.1　项目后评价主要内容

项目后评价的基本内容涵盖了对项目的目标、实施过程、技术经济、影响和持续性五个主要方面的评估。

（1）项目目标后评价

项目目标后评价的主要目的在于评估项目是否实现了最初设定的目的和目标。这一过程通过对比原始目标和实际达成情况，审查项目的实际表现以及可能的变化，分析变化的原因，从而确定目标的实现程度。此外，项目目标后评价还需要对项目的最初决策目标进行深入分析，以评估其正确性、合理性和可行性。

在这个评价过程中，强调对项目目标的全面审查，从而揭示项目在实施过程中是否达到了最初设定的预期效果。通过分析实际表现和可能的变化，评估者可以更好地理解项目的实际状况，并为未来项目积累有益的经验教训。此外，对最初决策目标的评估有助于反思项目设定的合理性和可行性，为类似项目提供更为精准的目标设定和决策参考。

（2）项目实施过程后评价

项目实施过程后评价旨在比较和分析项目的实际执行过程与最初预期情况之间的差异。其包括项目立项、准备和评估过程，项目内容和规模，工程进展和实施情况，配套设施和服务条件，受益者范围及其反馈，项目的管理和机制，以及财务执行情况等方面的评估。该评价有助于了解项目执行过程中各个方面表现如何，并发现潜在的问题和改进的空间。

（3）项目技术经济后评价

项目技术经济后评价与项目前根据当时技术条件、环境等对未来可能发生情况预测评估的主要区别是，按照实际发生的情况以及当前变化后的项目建设市场条件、科技水平等外部环境变动对技术、财务、经济等多方面重新评价。技术后评价主要涵盖对工艺技术流程、技术装备选择的可靠性、适用性、配套性、先进性、经济合理性等方面进行再次分析。包括对项目所采用的工艺技术和技术装备的重新评估，确保其在技术层面上的持续有效性。财务后评价涵盖营利性分析、清偿能力分析和外汇平衡分析，深入审查项目的财务绩效，全面了解项目在财务方面的表现。此外，需要依据项目投资投产后实际获得的效益，重新测算各项经济数据，与项目前期评估的预测指标进行验证比较，以提高项目经济效益的准确性。这一步骤有助于得出两次评估结果之间的偏差，并分析其原因，为未来类似项目提供可靠的经济数据和决策依据。

（4）项目影响后评价

项目影响后评价内容囊括项目的经济、环境和社会影响。这种评价主要依据项目的规模和效应的大小而定，对于那些涉及国计民生的大型和超大型项目，要根据其重要程度进行适度的定量分析。然而，通常情况下，对这些影响更多的是进行定性评估。对于小型和中型项目，根据项目的特点，定性总结其对所在地区、所属行业、所在社区和当地环境的影响。

（5）项目持续性后评价

项目持续性后评价，也称项目追踪评价，关注项目在建设资金完全投入后是否能够继续运营，以及是否能够实现既定目标。这一评价考虑因素包括政府政策、管理、组织、地方参与、财务因素和技术因素等。评估项目是否能够在未来以相同方式建设同类项目，以确保项目的持续性发展。

3.3.2　项目后评价流程

在项目后评价启动阶段，首先在接受委托任务、明确委托要求的基础上，在项目启动会议中，由委托公司的特定部门主导，组织召开启动会议。与会的职能部门包括需求、建设、维护使用、财务、审计等，每个部门将确定项目的专业接口人员。此外，第三方评价机构和参与项目可研、设计的专家单位也将参与。在启动会议上，将设立专门的后评价项目小组（以下简称“评价小组”），该小组负责制订项目后评价的实施进度计划和调研沟通计划，明确各个阶段各部门的工作任务，确定参与单位部门的主要职责，保证评价工作在规定时间内完成。

（1）提供自评价报告以及初步项目材料

在初步勘察项目现场、了解档案管理材料的基础上，完成对项目自评报告的编制工作。同时，评价小组将根据评价内容的需要，向委托公司或相关单位提出基础资料的收集需求。之后，双方将召开协调会议，评价小组将解释资料需求以及资料的用途，以确保双方的理解一致。由相关职能部门配合将项目自评价报告以及项目前期需求资料、项目建设过程中相关文档资料、施工阶段相关报告合同、投产运行情况资料、建设运行财务状况资料、项目设计相关资料、管理措施等有关项目阶段完整材料提交给第三方评价机构，并配合相应评价工作。

完成项目基础资料的收集后，评价小组应立即对这些资料进行分析和整理。接下来，他们需快速与相关部门展开沟通，并就项目资料进行交流，以确保能够为后评价报告提供尽可能充分的资料信息。这一及时的分析和沟通过程有助于保障评价工作在高效、有序的环境中进行，提升后评价报告的准确性和全面性。

（2）确定评价框架与评价思路

在前期准备工作完成后，正式启动后评价工作。评价小组的组成包括委托公司的需求、建设、维护使用、设计部门，以及第三方评价机构的专业人员和项目可研、设计单位的专家。他们进行深入的沟通和交流，共同确定项目后评价的框架和思路，制订调研工作计划，并提出补充资料清单。同时，他们初步确定项目后评价的内容、评价指标和方法，并制定项目后评价的实施大纲，包括构建评价指标体系。评价指标体系中的指标分为两类：共性指标和个性指标。共性指标是通用的评价标准，个性指标则根据项目特点进行补充。指标体系初步建立后，根据项目的实际情况随时调整，并请专家组提出修正意见，以确保评价体系的科学性和合理性。

（3）实施项目实际调研

确定评价内容、指标和方法后，制定项目调研提纲和访谈提纲。针对那些无法从项目资料中获得的数据或信息，如社会环境影响等，需设计对应的问卷或进行利益相关者访谈。问卷或访谈提纲应设计得简单明了，以确保有效获取必要信息，能够反映项目的实际情况。

接下来，评价小组对相关部门的经理和相关人员进行访谈，获取项目资料，了解项目运行情况，发现问题并总结经验教训。同时，他们进行实地调研、社会调查和内部专家研讨，以进一步了解项目的情况。根据这些信息，他们初步确定项目后评价体系和各指标的权重，并将调研总结、访谈记录等向项目单位反馈，获取补充资料。

（4）分析和整理相关项目资料

评价小组会收集和汇总调研报告、访谈记录以及各职能部门提供的相关资料。这一过程旨在确保他们获得全面的项目信息，以支持后续的评价工作。同时，评价小组将聚焦专家意见，运用统计方法对获取的数据进行评估，同时对社会调研结果进行深入分析。为了进一步确保评价的全面性和专业性，评价小组将组织内部专家研讨。这些研讨旨在解决项目中可能出现的具体问题，促进深度思考和专业见解的交流。这些研讨不仅为评价结论的形成提供支持，还能在专业层面对项目进行更深入的剖析。

在整个评价过程中，评价小组始终保持与利益相关者的密切沟通。他们将研讨结果反馈给相关方，倾听意见和建议，并提出可能需要进一步研究和分析的领域。这种反馈机制有助于保持评价的灵活性，确保最终的评价报告能够全面而精准地反映项目的真实状况。同时，评价小组会根据获得的信息对项目进行初步的分析和评价。这有助于为后续的评价工作奠定基础，为最终的后评价报告提供准确而有力的支持。通过整合多方信息，评价小组确保其工作具有全面性、专业性，并为项目管理提供有力的决策支持。

（5）编制项目后评价报告

形成评价基本结论后，评价小组将积极与项目委托单位或相关单位沟通，以听取他们的反馈意见。这一环节对确保评价的全面性和准确性至关重要。反馈意见被视为重要的信息源，有助于更全面地理解项目实施的方方面面。根据收到的反馈意见，评价小组将有针对性地对有疑义的问题进行深入分析。这有助于排除任何可能引起误解或争议的问题，从而确保评价结论的客观性和公正性。通过这一阶段的努力，评价小组将构建起更加健全的评价体系，为最终的评价报告奠定坚实的基础。

编写报告时，按照负责人确定的框架思路和内容将其分为不同的部分。市场组、建设运营组、技术组、财务组等各职能部门将负责编写相应部分的内容，确保涵盖各个关键领域。随后，评价小组将进行统稿和校对审核工作，以确保报告的整体一致性和专业性。这一过程将通过团队协作，有效整合各部门的贡献，确保最终报告既具备全面性又能够满足各方的专业期望。

（6）提交后评价报告初稿并申请专家会审

后评价报告初稿经过评价小组内部审核合格后，提交专家组及各部门进一步审核。专家组的成员以及各部门的接口人员会对报告提出修改意见。根据各方的反馈意见进行修改，并再次组织专家组进行会审。根据专家意见，对报告进行再次修改完善，形成最终报告，提交给项目委托单位或相关单位审核，再次修改，最终完成后评价报告。

（7）根据反馈结果实施整改

评价小组将最终的后评价报告打印后，提交给项目委托及相关单位进行最终确认，并提交项目的终稿。在这个过程中，评价报告中提到的经验教训和相应的对策建议将被反馈给各个专业部门。这些部门将负责落实对存在问题的整改措施，并将整改报告提交给相关的后评价管理部门。最终，项目的后评价工作完成。

3.4 项目后评价主要方法与原则

3.4.1 项目后评价主要方法

选择适合项目特点的方法对确保后评价工作的效果至关重要。当前主要的项目后评价方法有统计预测法、对比分析法、逻辑框架法、层次分析法、调查法、因果分析法、成功度评价法、模糊综合评价法。

（1）统计预测法

统计预测法是一种基于统计学原理的有力的项目后评价手段。该方法通过三个主要部分有机组合，即统计调查、整理统计资料和统计分析，致力于从过去的项目经验中总结已发生的事实，同时运用统计学原理对项目的未来发展前景进行预测。在项目后评价实践中，统计数据是基础数据的主要来源，因此，统计原理和方法在确保评价的全面性与准确性方面发挥着至关重要的作用。

在预测方面，项目后评价运用多种预测技术，包括趋势外推法、参照对比法和专家调查预测法。这些技术依赖于惯性原则、类推原则、相关原则和概率推断原则等基本原理，做出对项目未来可能效果的估计。项目后评价通常涉及两种类型的预测：一是无对比预测，即在没有项目的情况下估计可能产生的效果；二是今后效益预测，即以后评价时点为基准，参考过去的发展趋势来估算项目未来的效益。这种综合运用统计学原理和多元预测技术的方法，使得项目后评价更加全面、准确，并有助于提升项目决策的科学性和合理性。

（2）对比分析法

①“前后对比”方法：该方法通过比较项目前期的可行性研究和评估结果，以及初步设计时的技术经济指标与实际运行结果，致力于捕捉项目过程中的变化，并深入分析其根本原因。该方法不仅能够检验项目决策的准确性，还有助于评估实施过程中的质量，从而为项目提供宝贵的经验教训。这种方法是项目过程评价中的重要方法之一，为项目管理提供了实质性的指导。

②“有无对比”方法：该方法以项目的实际情况为基础，与如果未进行投资建设可能发生的情况进行对比。其关注点在于评估项目真实效益、影响和作用，并分析项目自身的贡献以及外部因素对效益的影响。这种方法通常用于影响评价，帮助评估项目对周围环境、经济和社会的实际影响，从而更全面地理解项目的效果。“有无对比”方法在决策和政策制定中起到重要的指导作用，为项目的可持续性和社会责任提供有力支持。

③“横向对比”方法：该方法将项目实施后的结果与国际国内同行业类似项目进行对比，以分析项目建设对产业结构和行业发展的影响，用于评价项目的社会竞争力和可持续性。这是一种常用的方法，可以帮助评价项目在行业中的地位和贡献。

在中国，项目后评价主要采用“前后对比”方法，通过比较项目前后的关键指标，揭示项目实施过程中的偏差情况。尽管这一方法有助于评估项目的整体表现，但其局限性在于无法明确指出导致这些偏差的具体因素。在后评价的过程中，除了关注指标的偏差程度，更需要深入挖掘主导因素。包括找出导致项目成功或失败的关键因素，并详细分析这些因素的变化原因。通过对主导因素的深入剖析，评价团队能够更全面地理解项目的内在机制，为未来类似项目积累经验教训。进一步地，在后评价中，还应考察各种因素对指标的影响程度，这有助于更好地支持后续的投资决策和项目管理。

（3）逻辑框架法

逻辑框架法（Logical Framework Approach，LFA）是一套用于项目管理全过程的方法学，最早由美国国际开发署于1970年提出。该方法在项目的设计、规划、实施、监督和评价阶段都得到了广泛的应用。其核心目标是建立一个逻辑框架，以清晰而系统的方式呈现项目的目标、活动、输出和目标群体，并提供一个结构化的工具，用于监督和评估项目的进展与成果。

LFA通过建立一个简单的框架矩阵来概念化描述和分析项目，使复杂的项目内涵关系更易于理解。它从项目的设计、策划一直到目标的达成等各个方面来评价计划的活动或工作。通过分析各个因素之间的逻辑关系，评价项目是否实现了其目标，以及项目的效果、作用、影响和可持续性，并找出问题存在的根本原因，从而改进与完善项目的决策和立项、项目准备等方面的工作。应用LFA进行项目后评价，通常可以解决三个方面的问题：

第一，评价项目原定目标和目的是否可以达到，目标是否有调整的必要；

第二，评价项目的原定效益能否实现以及实现的程度如何；

第三，分析项目将面临何种风险，风险程度如何，将对项目目标的实现产生何种影响，等等。

LFA 多应用于项目的策划设计、风险分析、评估、实施检查、监测评价以及可持续分析。但该方法只能进行一般性分析，不能替代经济后评价、环境影响后评价等专业性后评价，并非具体操作的方法程序。因此，在项目后评价中应用 LFA 时，应重视以该方法的思维框架为指标，而不能过分追求其形式。

（4）层次分析法

层次分析法（Analytical Hierarchy Process，AHP）是一种多目标决策和评价方法，用于综合分析定性和定量问题。该方法的基本原理和分析思路如下：首先，根据问题的性质和总体目标，将复杂的研究对象与问题分解为不同层次和因素，构建一个有序的层次体系，自上而下逐级细化；其次，根据实际情况比较同一层次的各个因素，确定它们的相对重要性，并进行定量分析，计算各因素的权重；最后，通过综合计算处理比较结果，使问题的层次关系清晰明了。

在项目后评价中，通常涉及多个因素以不同方式共同影响项目的总体目标或效果。使用 AHP 可以将复杂的问题分解为组成要素或子问题，这些要素可以包括各种不同性质的指标和因素。在建设项目后评价领域，存在众多因素和指标，它们的性质和表现方式各不相同，单独使用某一个指标来衡量或评价项目的实施效果可能不够全面和客观。通过应用 AHP，可以从系统的角度对项目总体效果进行全面、客观的评价，考虑各个因素之间的相对重要性。因此，AHP 是一种定量分析方法，适用于项目后评价。

（5）调查法

调查法是项目后评价中常用的方法之一，是一种实用且有效的评价方法。调查法包括多种具体方法，如资料查阅、问卷调查、专家研讨、访谈调查和现场调研法等。

①资料查阅：通过查阅相关资料和文件来获取项目后评价所需的信息，包括项目的历史数据、财务报表、技术文档等。资料查阅是获取背景信息和基础数据的重要手段。

②问卷调查：通过向项目相关单位和人员发送问卷，收集他们的意见

和反馈。问卷调查可以用于获取多个相关方的看法和数据，有助于全面了解项目的影响和效果。

③专家研讨：邀请多领域的专家参与评价，进行综合性的讨论和分析。专家研讨涉及技术、经济、管理等多个方面的专业知识，最终形成综合评价意见。

④访谈调查：通过与项目相关方进行面对面的访谈，深入了解他们的看法和经验。访谈可以有针对性地获取关键信息，但调查结果可能受到访谈对象的主观因素影响。

⑤现场调研法：实地考察项目所在地，直接观察项目的实际情况。这种方法可以提供直观的信息，但可能受到时间和地点的限制。

通常情况下，项目后评价会综合使用多种调查方法，以获取全面的信息和数据，从不同角度评价项目的效果和影响。这有助于确保评价的全面性和可靠性。

（6）因果分析法

部分周期长的投资项目容易受到外部因素和内部因素的影响，包括社会经济变化、国家政策等。项目后评价的主要任务是在项目建设或竣工投产后，跟踪调查和监督检查对项目成功与否及实施效果产生重要影响的技术经济指标，以及相关政策法规和管理规定的执行情况。在项目后评价的关键阶段，为了能够及时发现问题并进行深入的问题分析，以提出有效的解决策略、措施和建议，采用一定的方法对项目变化进行因果分析显得至关重要。这个分析过程旨在逐一剖析导致变化的原因，明确这些原因的重要性和影响程度，从而能够全面总结经验教训，为未来项目提供有针对性的改进或完善的措施和建议。具体而言，项目后评价的因果分析通常包括三个主要方面。

首先，对投资项目管理法规、条例和操作程序的执行情况进行详尽分析。关注的焦点在于项目建设是否符合国家规定的项目管理程序，以及在项目立项决策、勘察设计、资金筹措、项目招投标、施工组织管理和竣工验收等环节的执行情况。这有助于评估项目在法规框架内的合规性，发现潜在的管理漏洞或改进点。

其次，进行与工程技术和质量相关的指标变化的因果分析。包括设计方案的变化、工程建设规模的变化、项目总投资的变化和工期的变化等。通过深入挖掘这些变化的原因，评价团队可以更全面地了解项目在技术和质量层面的变动，为未来类似项目提供有针对性的技术和质量控制建议。

最后，对经营方式、服务管理体制及经济效益指标变化的原因进行分析。

（7）成功度评价法

成功度评价法是一种综合评价方法，源于实践经验的积累。通常，它依赖评价专家或专家组的实际经验，并结合制定的系统标准或合理的指标体系，根据项目的各方面实际执行情况，采用适当的方法对相关指标进行加权评估，从而获得项目的综合评级，对项目达成预期目标的程度进行定性评估。

成功度评价法是一种以 LFA 分析项目目标实现程度和经济效益为基础的综合评估方法。该方法将项目的目标和经济效益视为评价的核心，旨在构建一个全面而合理的评价体系，以判断项目在实施过程中的成功度。通常情况下，项目的评价结果被分为五个等级：完全成功、成功、部分成功、大部分不成功和不成功。

在实际应用中，采用成功度评价法进行项目后评价的过程需要遵循一系列步骤。首先，根据项目的特点进行分类，明确评价的指标和标准。这一步确保了评价的全面性和针对性。其次，评价专家组根据预定的成功度评价等级标准，对各项指标进行综合评分。这一步涉及专业知识和经验的运用，确保了评价的客观性和专业性。最后，通过分析各项指标的重要性，并结合各项指标的成功度评价，得出最终的评价结果。这一过程不仅为项目的整体表现提供了全面的认知，也为项目管理者提供了改进和提升的方向。需要特别关注的是，成功度评价容易受到预定目标的合理性和实际执行过程中的特殊情况的影响。因此，在应用成功度评价法进行项目后评价时，必须对项目原始目标的合理性、实际性以及环境条件变化对项目的影响进行仔细考虑。此方法的主要限制在于它以定性分析为主，对一些评价指标（如社会影响、环境影响）的描述可能存在一定的模糊性，通常没有明确的外延和内涵，因此在评价过程中只能进行定性评价。因此，最终的评价结论可能具有模糊性、不确定性，且可能带有一定的主观性和片面性。

（8）模糊综合评价法

模糊综合评价法（Fuzzy Comprehensive Evaluation，FCE）是一种具体应用模糊数学理论的方法，用于在多因素、多层次的情况下对事物进行全面评估。在项目后评价过程中，由于存在许多模糊现象和不确定的概念，如项目成功度评价、项目对环境的影响等，无法用传统的精确数学方法来处理，因为无法明确某一事物属于或不属于某个集合。因此，FCE 成为一种受欢迎的选择，它既能够进行科学计算，又能够较好地反映人类决策经验。

FCE 的优点主要包括：

① 综合性：该评价方法考虑了项目内部的复杂性以及评价问题的模糊性，适用于现代项目具有多个目标和属性的情况。

② 层次性：它结合了层次分析法，能够客观反映项目的不同层次。

③ 比较性：评价不直接依赖于某一指标，也不过分依赖于绝对指标，而是采取比较的方式，从而避免了不合理的标准选择导致的评价结果偏差，同时减少了主观性。

④ 权重分配：权重可以反映评价指标的重要程度。

⑤ 误差控制：在技术处理上，它有效避免了累积误差的影响。

⑥ 定性与定量的结合：它能够实现定性指标的量化和各指标的无量纲化，从而将定性指标与定量指标有机结合，更好地反映评价对象的整体特征。

FCE 作为一种灵活而有效的评价方法，在目前的工程和项目管理中得到了广泛的应用，特别是在水库建设、公路建设、铁路建设以及项目融资等领域的后评价工作中展现出独特的优势。项目后评价方法众多，方式和适用环境、效果各有不同，通常根据项目性质和评价内容选择相应方法。本书在构建新能源项目后评价内容体系时，充分运用了上述的对比分析法、AHP、因果分析法和成功度评价法，用于研究体现新能源项目特点的全过程、各环节的核心要点。

3.4.2　项目后评价原则

投资项目系统工程具有庞大复杂的特点，由多个不同但相互关联、相互制约的要素构成，具有特定功能和明确目标，是一个有机整体。项目的建设与管理本质上是一个多维度、多层次、多界面、多子系统的开放复杂系统。项目系统具有开放性和动态性，它通过与外部环境进行信息交流，从外界输入资源和技术，经过实施过程，最终向外界输出其产品或成果。项目系统的各项状态参数会随着时间的推移而发生波动。在项目后评价工作中一般遵循以下原则。

（1）科学性原则

科学性原则是项目后评价应遵循的首要原则。科学性原则要求在后评价过程中，评价内容能够符合系统性、合理性、准确性和全面性的要求；评价过程能够符合科学性、规范性及可行性的要求；评价结论应具备客观性、合理性与有效性。

（2）独立性原则

独立性原则是保证项目后评价结果公正、客观的基础。其要求在后评价过程中，评价人员能保持实质上的独立，在发表意见时其专业判断不受影响，公正评价，保持客观和专业怀疑。

（3）系统性原则

系统性原则是构建项目后评价内容体系的基本要求。相关项目涉及主体多、开发周期较长、开发流程复杂，因此，需要基于系统理论对项目主要的开发流程与内容进行全面的评价。

（4）可行性原则

可行性原则是项目后评价的关键原则之一。在后评价过程中，评价指标应当具备良好的可行性，这意味着评价指标在实际操作中应该是简单易行的，能够清晰、准确地反映评价内容，报告的结构应当简洁明确。此外，评价报告应当具有强烈的时效性和针对性，必须突出关键问题，并提出具体的措施和建议，以便项目相关方能够迅速采取行动。这些原则有助于确保项目后评价的有效性和实用性，使评价过程更加高效和有针对性。

（5）真实性原则

进行项目后评价时，还应遵循真实性原则。公司在提供项目资料时应该实事求是，不隐瞒、不藏拙。遵循真实性原则是指导企业未来正确投资决策的关键，不真实的资料会导致评价结果失真，从而无法给出切实有效的建议。

（6）反馈性原则

项目后评价的结果最终是用来指导企业进行未来投资决策的，因此，数据与结果的回馈至关重要，要确保经济政策制定者和项目管理者可以基于准确信息制定政策和实施科学管理。建立有效的回馈和传播机制对提供决策支持至关重要。

3.5 项目后评价理论体系

3.5.1 项目全生命周期理论

项目全生命周期是一个项目从概念到完成的整个过程。所有项目都可以分成若干个阶段，且无论项目大小，都具有相似的生命周期结构。最基本的生命周期结构通常包括四个核心阶段，即概念阶段、开发或定义阶段、执行阶段（也称实施阶段）以及结束阶段（也称试运行或完成阶段）。项目的具体复杂性和所属行业可能会影响阶段数量，而每个主要阶段也可以进一步细分为更小的子阶段。

项目全生命周期理论是项目管理领域的一个重要理论框架，旨在全面管理项目的各个阶段，从规划、启动、执行到收尾。在这个理论框架下，项目后评价作为生命周期的最后阶段，扮演着项目总结、经验教训归纳和效果评估的重要角色。

3.5.2　现代系统工程与反馈控制管理理论

现代系统工程与反馈控制管理理论在项目后评价方法中的应用是建立在其对有序系统和动态反馈的理论基础上的。这一理论框架将项目后评价视为一个有机系统，该系统的运作依赖于输入、处理、输出、反馈和控制五个关键要素。

首先，这个系统接受资源的输入，包括人力、财力、物力等，通过一系列处理，将这些资源转化为项目产出和效果。在这一过程中，系统关注有序的状态变量，这些变量描述了项目内部的状态和变化。

其次，系统具有反馈机制，能够及时感知和反映项目运行中的问题。这种动态反馈是现代系统工程理论的重要特征，它使系统具有自我调整和优化的能力。通过反馈，项目后评价能够实时了解项目的运行状况，发现潜在问题，从而及时地干预和调整。

最后，控制是系统工程与反馈控制管理理论的核心。在项目后评价中，控制是指对项目运行过程中的变化进行引导和管理，确保项目朝着规定的目标有序发展。这种控制机制使得项目后评价不仅是一个反馈系统，更是一个能够主动调整和优化的有机整体。

总体而言，现代系统工程与反馈控制管理理论为项目后评价提供了一种科学而全面的理论支持。这种系统观念使得项目后评价更具有自适应性和灵活性，有助于项目在复杂多变的环境中更好地运作。

3.5.3　委托代理理论

委托代理理论是一种博弈理论，强调在资源分配和目标设定上存在不一致时，代理人可能为追求个体利益而背离委托人的期望，造成委托代理问题。在项目后评价领域，这一理论框架具有重要意义，因为项目通常涉及多方利益关系，而相关方之间的目标并不总是完全一致。

在项目后评价中，涉及三个主体：投资主管部门、项目单位和后评价机构。投资主管部门作为资本所有者，承担了项目决策和投资的责任，但由于信息不对称或资源有限，难以亲自管理和监督项目的日常运行。这就增加了出现委托代理问题的可能性，即项目单位可能不完全按照投资主管部门的期望履行责任，甚至出现逆向选择和道德风险。

为了有效应对委托代理问题，委托代理理论建议引入一个独立客观的机构，即后评价机构，来监督、评价和论证项目的实施过程与结果。后评价机构不仅有助于发现和纠正潜在的道德风险，还能为投资主管部门提供独立的、客观的意见，确保项目的实施与投资目标一致。

因此，委托代理理论为项目后评价提供了一种解决委托代理问题的理论基础。通过引入独立的评价机构，可以有效缓解信息不对称引发的潜在问题，保障投资主管部门的权益，同时提高项目单位的责任履行水平。这一理论框架有助于实现项目利益相关方之间的平衡和合作，确保项目的可持续发展。在委托代理关系中，三方主体之间的相互制衡体现了矛盾与和谐的共存，同时明确定义了项目后评价的相关主体。

3.5.4 成本效益理论

成本效益理论是一种经济决策方法，通过对比项目的总成本和总效益来评估项目的价值。其核心目标是在给定的限制条件下，寻求以最小的成本获取最大的效益，从而实现项目的整体合理评估和经济效益最大化。这种理论通常用于评估需要量化社会效益的公共事业项目的价值。随着政府投资项目数量的增加，成本效益理论在实践中得到广泛发展，并被世界各国广泛采用。在项目后评价中，不仅要评估项目是否实现了经济效益最大化目标，还要比较项目实施后是否带来了更大的收益，成本效益理论为项目后评价的条件和界定提供了明确指导。

3.5.5 可持续发展理论

发展是可持续发展理论的核心，以经济与社会发展形成良性循环为目标。可持续发展在范围上包括自然、环境、社会、经济、科技、政治等多方面内容，存在于与人类生产相关的所有方面，因此广义上是满足当前人们生活的需求，并无危害，具有发展能力，不断在限制人们的需求中满足人们的需求以达到平衡的过程。可持续发展的出现与人类的生存环境密不可分，是生态与社会共同发展的需求。项目后评价分析在这一项目完成后既定目标是否仍可继续，是否符合当前环境、经济需求，是否具有可持续发展条件以达到既定目标。其考量要素包括技术、财务、环保、管理、政策等。

3.6　项目后评价反馈机制

3.6.1　项目后评价成果反馈与应用扩散的作用和意义

从管理学的视角来看，反馈信息在项目管理中具有关键作用。这种信息是指项目干系人在政策或计划实施后，基于实际经验和观察对项目的回馈与反映。管理的核心在于控制客观过程，反馈信息则成为实施控制的必要元素。工程项目后评价通过反馈机制将项目运行结果传达给相关方，形成一个动态的信息循环。

反馈机制包括两个主要方面：反馈流程和管理控制机制。反馈流程涉及项目干系人之间的信息传递和交流，确保评价结果及时传达给关键利益相关方。管理控制机制是指对反馈信息进行有效管理和利用，以实现项目管理目标。该机制的有效运行有助于确保后评价的结果能够在新建或已有项目中得到采纳和应用，使实际结果逐渐接近计划目标。

建立有效的工程项目后评价反馈机制有三个方面的重要意义。首先，它是实现投资项目管理闭环模式的关键环节。这一模式包括决策、执行、评价、反馈和决策优化，通过闭环过程不断优化投资决策机制，提高投资决策水平。

其次，根据强化理论和期望理论，有效的后评价反馈机制能够改变项目干系人对项目结果的预期。这有助于提高项目决策者、建设者和运营者的责任心，实现早期控制的目标。这种改变预期的过程是推动项目团队在实施过程中更加专注、负责任的关键因素。

最后，通过将后评价反馈机制与公司绩效考核体系结合，可以对项目需求单位的行为进行约束。这样的结合有助于提高项目前评估的准确性和可信度，使项目投资决策更加科学和合理。整体而言，有效的反馈机制为项目管理提供了一个有力的工具，促使项目不断学习、调整和提高绩效。

3.6.2 项目后评价反馈机制建立的原则

（1）反馈的信息坚持独立性。独立性是后评价结果反馈公正、客观的重要保证，是指后评价反馈过程不受项目决策者和前期评价人员主观人为的干扰，避免项目决策者和管理者自己评价的情况。为确保独立性，必须从机构设置和人员选择上综合考虑，使后评价机构保持相对独立又便于操作，这意味着后评价反馈必须在其全过程中独立于业务管理部门，包括工作计划的制订、工作大纲的编制、人员配置和成果的审定。独立性自始至终贯穿后评价反馈全过程。

（2）反馈的信息坚持客观、公正、科学的原则，不受各阶段文件资料的束缚和项目干系人的影响，真实地反映和评价项目的问题，提出改进措施建议。为保证这一点，反馈工作应引入业务管理人员和项目最终受益人。

（3）对非原则问题，要实事求是、对事不对人，重在总结经验与教训，为做出新项目决策提供指导，调整在建项目和完善已建项目；对原则性问题，要坚持依法办事，将投资后评价与投资责任追究体系相结合，切实保护国家和投资者的利益。

（4）反馈必须是及时的、易于接受的、简明扼要的、有针对性的、系统的、形式多样的和便于操作的。

第4章　新能源项目后评价体系

4.1　新能源项目后评价研究综述

在许多学者的努力下，新能源项目后评价研究不断深入，并取得大量的理论成果，使得后评价工作不断完善。《建设项目后评价理论与方法》是国内相对较早的项目后评价专著，书中对后评价的内容、程序、方法、组织实施进行了阐述[19]。张三力[20]在《第十二讲项目后评价》中全面阐述了后评价相关理论概念、评价方法以及评价工作的实施，为项目后评价工作提供了有效参考。张海军等[21]探讨了项目后评价理论基础，并进一步分析项目后评价的方法。蔡成果[22]综合利用区域交通经济学理论和系统分析方法，对京津塘高速公路的社会经济效益进行综合评价，并根据评价结果提出了建议。孙薇[23]以配网工程为研究对象，运用模糊综合评价方法计算项目实施过程、运营效果、财务效果以及社会效益和可持续性各指标权重，最后得出了项目整体运营效果。高云平[24]从保障房项目的建设、管理方面入手，在结合项目后评价理论的基础上，运用改进的层次分析法和模糊综合评价法，构建了项目后评价模型，并开展了实证分析。陈岩[25]从可持续发展的理念出发，针对水利建设项目开展后评价研究工作，主要研究内容包括建设过程、经济影响、社会影响、环境影响，通过构建指标体系，创新性地将网络分析法（Analytic Network Process，ANP）与 FCE 相结合，研究结果显示 ANP 与 FCE 相结合的方法在后评价研究中取得了良好的效果。吕超[26]对沈北新区高标准农田建设项目进行了后评价研究，在进行项目建设概述的同时对工程建设质量开展了调查分析，汇总后分析工程建设中发现的问题，最后运用 AHP 构建模型得出结论并提出相应的对策建议。李俊峰和张俊[27]为了验证黔中水利枢纽移民安置效果，将 LFA 应用到项目后评价工作中，得出的结论表明该移民安置任务是成功的。

在新能源方面，和金生等[28]学者探讨了对电力建设项目的后评价理论方法，提出用过程网络的思想来进行管理后评价，运用评价相对有效性的数据网络分析（Date Envelopment Analysis，DEA）方法、财务指标体系法实现经济评价。宿恺等[29]在阅读大量文献的基础上，提出我国风电项目后评价工作可能存在的问题，优化了项目后评价的技术指标以及方法步骤，对海上风电项目进行综合后评价的时候采用了熵权物元可拓模型，结果验证了该模型构建的实用性。卞恩林[30]在《风电项目后评价中的发电量评价问题》中明确发电量评价是风电区别其他项目的重要内容。赵占良和曹广树[31]构建了后评价指标体系，结合案例分析讨论了电力建设项目后评价的内容、方法、指标体系。李晟等[32]在《基于 ANP 的模糊多层次分析法的风电项目后评价研究》中提出基于 ANP 的模糊综合评判法这一风电项目案例研究的新评价方法。胡殿刚等[33]在《新能源发电项目多维度后评价方法体系研究》中将现代综合评价方法引入项目后评价，丰富了项目后评价方法理论。强调适用性，将不同评价方法应用于技术性能、经济效益、社会影响等不同维度，提高了评价方法与评价目标和评价对象的契合度。此外，还有许多学者对电力后评价进行了有益的、系统的、科学的研究[34-36]。

刘宇[37]在已有研究成果的基础上，结合实际新能源建设项目特点，建立新能源建设项目安全风险评价指标体系，该体系包括 4 个一级指标、19 个二级指标。采用主观方法赋予相应权重，以 M 新能源建设项目为例，对该项目安全风险进行评价。得出研究结论：该新能源项目安全风险评价结果为较高风险，人员类安全风险评价结果为较高风险，物类安全风险评价结果为中等风险，环境类安全风险评价结果为较高风险，管理类安全风险评价结果为高风险。吴军等[38]基于系统性、层次性等原则，从不同方面和细化、量化等角度进行指标体系构建。郭兴昕等[39]主要以运行效能、科研效益和社会效益为一级指标。这一指标体系是面向整个电力行业的，有效地增强了电力技术改造项目后评价的科学性、客观性和实操性。郭亚楠等[40]以国家电网公司电力技改项目为例，以项目投入运行的时间为时间节点，以项目建设过程评价和项目运营绩效评价为一级指标，构建了精量化、客观化的项目后评价指标体系，实现项目实施过程合规性、项目成果效益性的科学化评价和规范化管理，为项目的投资决策以及电力行业的可持续发展提供更加稳定、精确、高效的决策参考和服务支持。

在新能源项目后评价模型方面，Oliveira 等[41]以光伏微型发电项目为例，提出了基于属性一致性分析的光伏项目评价办法。Wang 等[42]提出了基于区间数改进的 ANP 模型和基于梯形隶属度的 FCE 模型，解决了信息不完全、数据波动和主观判断等问题。肖武等[43]引用成本重构模型对化学驱油项目进行效益后评价分析，证实了开发效果和开发规律对效益的影响，为化学驱油项目成本控制提供了新途径。李端开等[44]在电力投资项目后评价研究中，综合运用了 AHP、物元可拓和综合定量等多种方法，创立了一种新的项目后评价方法，即物元可拓综合量化的层次分析后评价方法。该方法的创新性和多元性使项目后评价更加科学和全面。从相关研究中可看出，目前研究新能源项目后评价的文献虽然不少，但方向较为单一，主要聚焦于光伏风电项目，缺少其他方向。

4.2　新能源项目后评价的目的及意义

4.2.1　新能源项目后评价的目的

新能源项目后评价的目的主要包括以下七个方面。

（1）经济效益评估：评估新能源项目后，可以对其经济效益进行全面分析。包括投资回报率、成本效益分析、净现值等指标，以确定项目是否能够持续盈利。

（2）环境影响评估：新能源项目通常以减少温室气体排放和环境保护为目标，因此需要对项目的环境影响进行评估。其包括对大气、水资源、土壤等多方面的影响进行评估，以确保项目符合环境法规和可持续发展标准。

（3）社会效益评估：新能源项目可能对当地社区和居民产生积极或消极影响，因此需要评估其社会效益。其包括项目对就业、社会文化和社会可持续性的影响，以确保项目能够为社会带来最大的益处。

（4）技术可行性评估：对于新能源项目，技术可行性是至关重要的。评估项目后，可以确定其所采用的技术是否足够成熟和可行，是否需要进一步改进或创新。

（5）风险评估：评估新能源项目的风险是非常重要的，包括市场风险、政策风险、技术风险等。通过风险评估，可以采取相应的风险管理措施，以降低项目失败的可能性。

（6）法律合规性评估：确保新能源项目符合所有相关的法律法规和政策要求，以避免法律风险和可能的法律诉讼。

（7）持续监测和改进：项目评估后，持续监测和改进是非常重要的，以确保项目在实施过程中持续取得良好的效果，并及时解决问题、应对挑战。

总之，新能源项目后评价的目的是确保项目在经济、环境、社会和法律等多个方面都能取得可持续的成功，同时降低项目风险，提高项目的可行性和可持续性。这有助于政府、投资者和项目运营者做出明智的决策，推动新能源项目的发展和推广。

4.2.2 新能源项目后评价的意义

新能源项目后评价的意义主要包括以下七个方面。

（1）项目绩效评估：评估新能源项目的绩效是了解项目的实际效果和成果的重要手段。这可以帮助确定项目是否达到其既定的目标，包括能源生产、减排效益、经济效益等方面。

（2）决策支持：新能源项目后评价提供了有关项目成本、效益、风险和可行性的详细信息，可以为政府、投资者、项目运营者等相关方提供决策支持。这有助于决策者做出关于项目的扩建、改进、继续支持或终止的决策。

（3）资源配置优化：通过评价，可以确定哪些新能源项目表现出色、哪些需要改进，从而有助于更好地配置有限的资源。这可以确保资源得到最佳利用，推动新能源领域的可持续发展。

（4）提高透明度和完善问责制度：新能源项目后评价可以提高项目的透明度，使利益相关者能够更好地了解项目进展和效果。这有助于建立更好的问责制度，确保项目的管理和实施合法、合规，并对不当行为进行追责。

（5）知识积累和经验分享：通过不同新能源项目的后评价，可以积累宝贵的经验和教训，有助于在今后的项目中避免重复错误，提高整体效率和效益，也有助于促进知识的分享和技术的进步。

（6）改进政策和法规：新能源项目后评价可以为政府制定更好的政策和法规提供参考。通过分析项目的实际经验，政府可以更好地了解政策的效果，从而进行调整和改进。

（7）知识传递和技术推广：新能源项目后评价的结果可以被广泛传播，向其他潜在投资者、开发者和利益相关者传递经验与教训，从而促进新能源技术的推广和应用。

总的来说，新能源项目后评价的意义在于确保新能源项目的有效管理和实施，提高可持续性，降低风险，为新能源领域的发展和推广提供有力支持，同时为决策者提供基于实际数据的决策依据。

4.3 新能源项目后评价理论基础

4.3.1 新能源项目全生命周期分析

新能源项目的全生命周期分析（Life Cycle Assessment，LCA）是一种综合性方法，用于评估项目从资源采集、生产、运输、使用到废弃的整个生命周期内对环境、经济和社会方面的影响[45]。该方法对于评估新能源项目的可持续性和综合效益非常有价值。以下是新能源项目全生命周期分析的主要阶段：

（1）采集与处理阶段：这个阶段包括原材料和资源的采集、提炼或生产。在新能源项目中，这可能涉及太阳能电池板的硅材料、风力涡轮机的金属构件等。LCA 将分析这些资源的采集和处理对环境的影响，如矿产资源耗竭、水资源使用等。

（2）制造与生产阶段：这个阶段考察了新能源设备的生产过程，包括原材料加工、生产工厂的能源消耗、工业废物和排放物的产生等。LCA 可以衡量新能源设备的制造对全球变暖潜势和其他环境影响的贡献。

（3）运输与配送阶段：这个阶段关注新能源设备的运输、安装和维护。分析内容可能包括设备的运输成本、能源消耗、运输过程中的碳排放等。

（4）使用与运行阶段：这个阶段考虑新能源设备在其使用寿命内的能源产出、性能维护、维修和运营成本等。LCA 可以评估新能源项目的能源产出与消耗、电网集成对电力系统的影响等。

（5）废弃与回收阶段：这个阶段涵盖了新能源设备在寿命结束后的处理方式，包括废弃、回收和处理。LCA 可以分析设备的回收率、废弃物的处理方式对环境的影响以及资源再利用的潜力。

通过进行全生命周期分析，可以综合考虑新能源项目在不同阶段对环境、社会和经济的影响，从而更全面地评估新能源项目的可持续性和效益。这有助于决策者了解新能源项目的整体影响，优化设计和管理，以最大限度地降低负面影响，提高新能源项目的可行性和可持续性。LCA 也有助于比较不同新能源技术之间的效益，选择最适合特定应用的解决方案。

4.3.2 外部性理论

外部性是指生产或消费活动的影响超出了市场参与者之间的直接交互，对第三方产生了正面或负面的影响[46]。新能源项目后评价应考虑外部性理论，这一理论有助于分析新能源项目对环境和社会的影响，以及如何在项目评估中考虑这些影响。以下是一些与外部性相关的理论和概念，可以在新能源项目后评价中使用：

（1）环境外部性：环境外部性是指新能源项目对自然环境产生的不经济影响，通常没有市场价格。例如，空气污染和温室气体排放是许多新能源项目的环境外部性。评估环境外部性的理论可以帮助估算项目的社会成本，以便更全面地考虑项目的真实成本。

（2）社会外部性：社会外部性是指新能源项目对社会福祉产生的影响，这些影响通常不会在市场价格中体现。例如，新能源项目可能对当地社区的就业机会和经济增长产生积极影响。社会外部性理论有助于评估这些非市场效益，应加以考虑。

（3）决策外部性：决策外部性是指新能源项目对政策和决策制定产生的影响，包括项目对政府政策的反应以及政府政策对项目的影响。评估决策外部性可以帮助政府更好地了解政策措施的效果，以及政策对项目的激励作用。

（4）环境和社会风险外部性：这一概念关注新能源项目可能引发的环境和社会风险。例如，新能源项目可能会导致生态系统破坏或社区冲突。评估这一外部性可以帮助项目管理者识别潜在风险，采取适当的措施来降低或管理这些风险。

（5）能源政策外部性：这一概念涉及新能源项目对国家或地区的能源政策产生的影响。例如，新能源项目可能会改变能源供应结构，影响能源安全和政治决策。评估这一外部性可以帮助政府优化能源政策。

综合考虑这些外部性理论，可以更全面地评估新能源项目的影响，不仅是在经济层面，还包括环境和社会层面。这有助于决策者更好地理解项目的综合效益和风险，以做出更明智的决策，同时有助于新能源项目的可持续发展和推广。

4.3.3　可持续发展理论

新能源项目后评价与可持续发展理论之间存在密切关联，可持续发展理论强调在满足当代人需求的同时，不损害未来世代人并满足其需求的能力。在新能源项目后评价中，可持续发展理论的应用主要涉及以下五个方面。

（1）经济可持续性：可持续发展理论强调经济活动应当助力提高社会经济的长期稳定性。在新能源项目后评价中，分析项目经济效益，包括投资回报率、成本效益和净现值等指标，以确保项目能够长期盈利并支持可持续发展。

（2）社会可持续性：可持续发展理论强调社会公平和社会权益。在新能源项目后评价中，要考虑项目对当地社区和居民的社会影响，包括就业机会、社区发展和文化传承等，以确保项目不仅经济上可持续，也对社会产生积极影响。

（3）环境可持续性：可持续发展理论要求减少对自然环境的不可逆损害。在新能源项目后评价中，要评估项目对环境的影响，包括温室气体排放、生态系统破坏和水资源使用等。项目应当符合环境法规和可持续发展标准，以降低环境风险。

（4）知识传递和技术创新：可持续发展理论鼓励知识的分享和技术的创新，以应对可持续发展挑战。新能源项目后评价可以考虑项目对知识传递和技术创新的贡献，以推动清洁能源技术的进步和应用。

（5）法律合规性：可持续发展理论要求遵守法律法规和政策，以确保在经济、社会和环境方面的可持续性。在新能源项目后评价中，要评估项目的法律合规性，以避免法律风险和确保项目合法运行。

综合而言，新能源项目后评价应当结合可持续发展理论，以确保项目在经济、社会和环境方面都能取得可持续的成功。这将助力推动清洁能源发展，改善环境，减少污染，应对当前气候问题，实现未来能源可持续。

4.4　新能源项目后评价方法

4.4.1　风电项目后评价方法

4.4.1.1　风电项目过程后评价

风电项目建成并运行一段时间后，有必要对整个项目的建设过程进行全面的回顾。项目过程后评价就是以国家相关制度和条例为指导，对项目建设过程进行全面回顾的重要方法，其通过对项目实施各阶段进行逐一检查和判断，分析实际结果与预期效果之间的差异，最后得到经验教训，为今后相似项目建设过程中各环节的管理决策和投资决策提供借鉴。

基于风电项目全生命周期理论，项目过程后评价从三个方面进行：项目前期准备、项目建设实施、项目验收运营。

（1）项目前期准备后评价主要从项目的立项条件、勘察设计、决策程序和水平三个维度进行。

①立项条件后评价。这一评价以对项目决策过程的依据及条件进行全面评价为重点，主要考虑项目立项条件是否符合地方发展规划、是否符合国家产业发展目录、是否能够带来社会效益等。

②勘察设计后评价。评价的重点是对负责风电项目设计单位的资质进行全面的考察与评价，主要考虑负责单位是否具备我国规定的相应的风电项目设计资质、是否具备专业的勘测设计知识，以及负责单位的勘察设计工作是否符合国家相关政策及技术质量标准等。

③决策程序和水平后评价。项目的决策程序是否规范对项目能否保质保量地完成意义重大，评价的重点是对项目招投标环节进行评价，检查项目招投标环节是否严格按照国家招投标政策执行，以及是否具备投标单位资质等。

（2）项目建设实施后评价主要从项目建设的组织管理、安全控制及投资控制三个维度进行。

①组织管理后评价。评价的重点是项目法人是否明确，是否按照《中华人民共和国合同法》的相关规定履行合同签订的各项义务和职责等。

②安全控制后评价。评价的重点是安全控制的人员伤亡率及非人身伤亡事故率，安全控制实施的效果及安全控制体系、措施的完善性。

③投资控制后评价。评价的重点是风电项目各项重点工作所消耗的人为劳动、设备资产和费用的实际数量与预算的偏离程度及其原因。

（3）项目验收运营后评价主要从项目的竣工验收情况、质量达标率、运营效果、设备维护及管理四个方面进行。

①竣工验收情况后评价。评价的重点是项目验收程序是否完备，是否按照相关规定进行，验收文件、报告是否齐全等。

②质量达标率后评价。评价的重点是项目各工程主体与预计情况之间的偏离程度，是否达到预计效果等。

③运营效果后评价。评价的重点是年上网量、安装容量、年利用小时数及年度运行维护费用与预测设计数据之间的偏离程度，总的来说就是评价项目目标的实现程度。

④设备维护及管理后评价。评价的重点是项目在运营过程中是否有完备的设备运行维护规则，是否按照运行维护规则开展设备维护及管理工作。

4.4.1.2 风电项目效益后评价

经济效益在评价项目建设的成功与否中扮演着关键角色，特别是对于风电项目而言，需要从财务评价和国民经济评价两个层面进行经济后评价。在风电项目中，财务评价旨在评估项目的财务可行性，主要侧重评估项目的财务盈利能力、债务偿还能力以及资金运营能力等关键指标。

另外，项目的国民经济后评价着眼于从国家整体的角度考虑，对项目的经济性进行综合评估，以判断项目的合理性。这一评价方法的依据是项目对国家经济的影响，包括项目在国民经济中所占的地位及其对国家整体经济状况的贡献。

同时，进行财务评价和国民经济评价，可以更全面地了解项目的经济效益，为项目的决策提供更有力的依据。

（1）风电项目财务后评价

风电项目财务后评价基于项目实际投产后数据，计算得到主要财务数据及有关需求指标，并依据这些指标与数据进行分析。风电项目财务后评价主要计算公式如下：

$$年销售收入 = 销售单价 \times 产品年销售量$$

$$销售成本 = 生产成本 + 销售费用$$

税后利润 = 销售利润 + 营业外收入 + 其他利润 - 资源税 - 营业外支出 - 企业所得税

实际动态投资回收期 = 累计净现值开始出现正值的年份 - 1 +（上年累计净现值的绝对值 ÷ 当年净现值）

实际静态投资回收期 = 累计净现值开始出现正值的年份 - 1 +（上年累计净现金流的绝对值 ÷ 当年净现金流）

实际借款偿还期 = 借款偿还后开始出盈余的年份数 - 1 +（当年应偿还借款 ÷ 当年可用于还款的收益额）

（2）风电项目国民经济后评价

实际经济净现值、实际经济内部收益率为风电项目国民经济后评价的主要指标，计算方法如下所示。

①实际经济净现值：表示在项目全生命周期（含建设期和运营期）内，社会折现率对项目每年实际净收益进行折现到项目初始基准年的加总，该指标反映的是工程项目对国民经济实际贡献的绝对指标，计算公式如下：

$$ENPV = \sum_{t=1}^{n} (B - C)_t (1 + i_s)^{-t}$$

式中，t 表示项目实际运营年份，$t = 1,2,\cdots,n$；B 表示以实际情况重新预测或实现的国民经济效益；C 表示以实际情况重新预测或实现的国民经济费用；$(B - C)_t$ 表示在第 t 年的项目实际净收益；i 表示社会折现率。

当 $ENPV = 0$ 时，项目的投资收益率等于社会折现率；当 $ENPV > 0$ 时，项目的投资收益率大于社会折现率，这时的项目在经济上是合理的。

②实际经济内部收益率：表示项目在计算期内实际经济净现值等于零时的折现率，该指标是反映工程项目对国民经济实际贡献的一个相对指标，其计算公式如下：

$$ENPV = \sum_{t=1}^{n} (B - C)_t (1 + EIRR)^{-t} = 0$$

式中，$EIRR$ 表示实际经济内部收益率；t 表示项目实际运营年份，$t = 1, 2, \cdots, n$；B 表示以实际情况重新预测或实现的国民经济效益；C 表示以实际情况重新预测或实现的国民经济费用；$(B - C)_t$ 表示在第 t 年的项目实际净效益。

若计算出来的 $EIRR$ 大于等于社会折现率，说明该项目在经济上合理，将会带来较好的国民经济效益。

4.4.1.3 风电项目影响后评价

风电项目建设并投产之后，会对周围区域的环境、经济和社会等方面造成一定的影响，这些影响可能是消极的，也可能是积极的。具体来说，一方面，风电项目需要大面积的空旷区域进行建设，风机的架设可能产生一定的噪声和造成一定的移民现象等；另一方面，风电项目的建设对国家能源结构调整、地区能源结构改善等有着积极的推动作用，还可以减少由于化石能源燃烧所带来的诸如硫氧化物等有害气体的排放。此外，风电项目对推动区域人员就业、促进地区经济社会繁荣有着积极效果。因此，开展风电项目影响后评价是全面认识风电项目的重要途径之一。

根据风电项目影响的特点，主要从社会影响、环境影响、经济影响三个维度对风电项目的影响进行后评价分析。

（1）项目社会影响后评价主要从改善能源结构、节约传统化石能源两个方面进行。

①改善能源结构评价。项目是否符合国家可再生能源发展战略、是否遵循地方电力发展规划、是否改善了能源结构等方面是该评价重点内容。

②节约传统化石能源评价。风力发电将风能转换为电能，在发电过程中不会对当地的环境造成污染，如果将风力每年的发电量全部换算为发电

消耗的煤炭量，那我们就可以了解风电对减少煤炭消耗的作用，认识到风力发电的优越性。

（2）项目环境影响后评价主要从有毒气体减排、烟尘减排两个方面进行。

①有毒气体减排评价。风电项目既可以节约化石能源消耗，又可以减少碳、硫的氧化物等气体的排放，对当地的环境保护具有积极作用，因此，该指标可以有效评价项目设计时预计的效果与实际工作中真正减排的效果。

②烟尘减排评价。风力发电利用天然风力进行发电，不会向空气中排放污染、有毒的颗粒物质，进行烟尘减排后评价可验证项目可行性研究、设计与现实情况的差异。

（3）项目经济影响后评价主要从居民就业带动、发电带来的经济效益两个方面进行。

①居民就业带动的评价。评价的重点是风电项目对当地就业的带动效果。

②发电带来的经济效益评价。评价的重点是风电项目拉动地方产业、促进地方经济发展的效果。

4.4.1.4　风电项目持续性后评价

经济社会的良性发展需要可持续性，风电工程项目想要达到预期目标也离不开可持续发展，从可持续性后评价的视角，对风电项目进行评价的内容是项目预期目标的可持续性和项目建设是否具有可重复性等。具体来说，项目可持续性研究的对象主要分为项目自身的可持续性、项目与所在区域环境和其他相关项目之间的协调性等。影响事物发展的因素通常分为内因和外因两部分，对于项目可持续性来说也是一样，因此有必要从内、外因素对风电项目的可持续性进行分析评价。只有风电项目内部和外部都实现了可持续发展，才可以说项目整体达到了可持续发展。

基于风电项目全生命周期理论，以项目技术的可持续性、管理可持续性来评价项目的内部可持续性，从环境的可持续性来评价项目的外部可持续性。

（1）项目技术可持续性后评价主要从工程技术先进性、工程技术创新益本比、工程配套设施完备性三个方面进行。

①工程技术先进性评价。评价的重点是工程技术先进与否以及工程技术的先进性对工程可持续性的支持作用的大小。

②工程技术创新益本比评价。评价的重点是项目技术创新经济特性对项目可持续性的支持作用的大小。

③工程配套设施完备性评价。评价的重点是工程持续运行所需的各项配套设施的完备程度。

（2）项目管理可持续性后评价主要从组织机构、财务运营能力、职工平均受教育程度三个方面进行。

①组织机构评价。评价的重点是工程建设和运营中的管理机构的设置对工程可持续性的助推情况。

②财务运营能力评价。评价的重点是工程项目运行管理单位对资金的管理效率。

③职工平均受教育程度评价。评价的重点是工程项目的管理机构人员的文化素质情况。

（3）项目环境可持续性后评价主要从政策法规、社会经济、项目区环境友好性三个方面进行。

①政策法规评价。评价的重点是国家政策法规导向对项目可持续性的支持。

②社会经济评价。评价的重点是经济社会发展方向对项目可持续发展的支持、助推作用。

③项目区环境友好性评价。评价的重点是项目区域周围环境的美化、绿化等友好情况。

4.4.2　水电项目后评价方法

4.4.2.1　水电项目过程后评价

项目过程后评价的目的是查明项目成功与失败的主要原因。它主要包括以下三部分内容：

（1）前期工作的后评价

根据项目在国民经济和社会发展中的地位和作用，评价项目建设的必要性和开发目标的合理性，从项目建议书、预可行性研究、可行性研究等各阶段的主要业绩评价来勘测设计各阶段的工作情况，根据勘测设计单位的资质、登记等情况评价项目前期各阶段的管理工作。

（2）实施阶段的后评价

从项目法人的组建和工作过程以及项目施工准备工程等方面评价项目的实施准备；从工程的开工建设、工程质量、资金来源及使用、管理与监理等方面评价施工控制与管理情况；生产准备评价主要对运行准备工作后是否具备正式运行条件进行评价；竣工验收评价主要对工程质量和投资控制等进行评价。

（3）运行管理的后评价

根据管理规章制度、各方面的运行观测数据和分析成果，对建筑物和设备运行操作的灵活性、安全性、可靠性进行评价。

4.4.2.2　水电项目环境影响后评价

水电项目环境影响后评价的主要内容包括在项目工程建设期间和投入运营后，对自然环境和社会环境、水土保持影响的程度及范围，以及工程环保监测措施的评价。

（1）水电项目自然环境影响后评价

水电项目自然环境影响后评价主要从地区气候、水温、水质、环境地质、水库淤积和坝下冲刷，对陆生生物、水生生物及渔业的影响，对生态环境的影响几个方面进行评价。

（2）水电项目社会环境影响后评价

水电项目社会环境影响后评价的内容主要包括对人群健康的影响、对自然景观及文物古迹的影响、移民和工程施工对环境的影响、工程对区域经济的影响等。

（3）水电项目水土保持影响后评价

水电项目水土保持影响后评价的主要内容及指标包括以下几项。

①复核水土保持设施和监测设施是否按照“三同时”的要求进行建设；调查工程施工扰动原地貌、损坏土地和植被、弃渣、损坏水土保持设施的情况，调查造成水土流失的类型、分布、流失总量及危害，调查项目影响区水土流失现状、成因及类型，以及移民安置对水土流失的影响。

②调查工程建设过程中采取的水土保持措施。复核水土保持方案实施后水土流失的治理情况及其效果，并与项目前评估时批准的《水土保持方案报告书》进行分析对比。复核永久工程占地区、施工营地区、渣场区、料场区、施工公路区及库岸影响区等防治责任范围内的水土保持措施到位情况。

③评价以扰动土地整治率、拦渣率、水土流失控制比、水土流失总治理度、林草植被覆盖率、植被恢复系数达标情况为重点。评价生产条件恢复情况、植被变化带来的影响。从生态保护的角度分析其采取的水土保持措施的合理性。

（4）水电项目环保监测措施影响后评价

水电项目环保监测包括施工期和运行期环境监测。水电工程运行期应建立水质监测网、泥沙监测站网、气象观测站、陆生生物和水生生物等监测系统，对水文、泥沙、水质、水温、局地气候以及陆生生态、水生生态等环境因素变化的情况及其变化规律进行监测。水电项目环保监测措施影响后评价主要包括以下内容。

①复核环保设施和监测设施是否按照“三同时”的要求进行建设，是否投入运行，运行情况如何。

②评价是否是按环境影响报告书和环境保护设计确定的监测项目、监测断面、监测因子进行监测，环境监测计划能否充分反映工程施工期和运行期有关环境要素及因子的动态变化，监测站、点的设置是否具有代表性，并能充分利用已有监测站、点。

③监测数据的准确性和可靠性如何，需要审查以下四个方面。

a. 监测调查位置和频率：评估监测调查的位置和频率是否足以反映生态环境质量的变化，是否满足环境影响评价的要求。必须确保监测点的选择是代表性的，以涵盖可能受到影响的区域。

b. 生态环境质量变化：分析监测数据是否足以准确捕捉生态环境质量的变化和特征，以便及时发现和评估任何潜在的环境问题。

c. 环境影响评价：检查监测数据是否符合环境影响评价的要求，以确定项目对环境的实际影响。其包括对水、土壤、空气等环境因素的监测和分析。

d. 监测方法与技术：核查所使用的监测方法和技术是否符合国家现行的环境监测技术规范和标准分析方法。确保监测过程的准确性和可靠性。

综合考虑以上因素，可以确保监测调查数据的可信度和代表性，为环境影响后评价提供可靠的依据，以支持环境保护和决策制定。监测项目的设施是否能够反映工程运行后环境变化的趋势，并提出环境保护措施。

4.4.2.3　水电项目财务后评价

水电项目财务后评价是企业评估项目投产后的实际效益的过程。与前期评估相比，这种评价在内容上基本相似，都需要进行项目的营利性、清偿能力和外汇平衡方面的分析。然而，在后评价中，需要对实际数据中包含的物价指标予以考虑，并确保与前期评估中的各项评价指标在评价时点和计算效益的范围上具有可比性。这有助于消除通货膨胀对效益评估的影响，为企业提供更准确的财务信息。通过水电项目的财务后评价，企业可以更全面地了解项目的经济状况，从而采取必要的措施来确保项目的成功和可持续性发展。

4.4.2.4 水电项目持续性后评价

项目的持续性后评价涉及项目建设完成后的各个方面，主要考察项目是否能够维持其既定目标，是否能够持续稳定运行，是否具备可重复性。这种评价包括两个主要层面：首先，评价项目本身是否具备可持续性发展的潜力和条件，以及项目业主是否有意愿和能力继续推动项目目标的实现；其次，评估项目的建设和运营对国家、社会以及同类项目的可持续发展产生的影响。评价的内容涵盖项目功能的持续性、经济增长的持续性，以及项目效果的持续性等多个方面。

4.4.3 光伏发电项目后评价方法

4.4.3.1 光伏发电项目过程后评价

（1）建设必要性评价

鉴于国内外对清洁能源技术的广泛研究和应用，供电企业需要适应管理要求，解决系统接入的稳定性和经济性问题，因此迫切需要推进太阳能项目。太阳能项目的实施将帮助我们更好地掌握清洁能源技术在供电企业中的应用，并提出了一系列太阳能发电系统的应用问题。这些问题将经过规律总结和归纳，为管理和政策制定提供有益的建议。

（2）设计阶段评价

在国际和国内的光伏项目的设计阶段，一般将光伏发电视为“黄金电力”，评价时可以遵循以下原则。

①配电侧并网的光伏发电位于负荷中心，具备削峰潜力，这也是其被称为“黄金电力”的主要原因之一。

②当光伏发电系统的接入容量不超过配电网的承载能力时，无须对电网进行改造，也不存在电力逆流和电网容量问题，电网公司只需进行负荷管理。

③配电侧并网的光伏发电在经济效益方面表现出色，“自发自用”运

营模式相当于电力公司按销售电价购买光伏电量，其价值相当于每千瓦·时电 1 元。

④优先推广分布式光伏发电系统，尤其是与建筑物结合、位于负荷中心的配电侧并网光伏发电系统。

安装时可以将光伏系统附着在建筑物屋顶上，即采用建筑附加光伏的安装模式；采用屋顶“生根”的 BAPV 安装方式，BAPV 的认证：主要进行关键设备的认证，包括太阳电池组件、并网逆变器、监控系统的认证等。

（3）施工、生产运营评价

对施工和生产运营状态的评价主要包括以下四个方面。

①施工单位的组织结构是否健全，员工的素质是否满足要求。

②施工组织方式、施工技术准备、施工组织设计的编制，以及施工技术措施、施工质量和技术管理是否符合项目要求。

③项目设计装机功率是否符合规定，是否能够在各类环境日照条件下达到发电指标。

④是否具备过载、过热、短路、过压、欠压等保护功能，以满足模拟要求，是否能够同时实现通信的运行状态监视和发电状态监视要求。

4.4.3.2　光伏发电项目环境影响后评价

（1）污染控制

可以从废气、废水、废渣和噪声多个方面评价项目污染的产生，评估项目环保管理和监测措施的有效性。此外，还可以通过项目的实施，评估系统预计的年发电量是否能满足生产基地室内照明需求。通过年均可减排二氧化碳、二氧化硫、氮氧化物、烟尘等污染物的数量，以及年均减少废水排放、年均节约煤等指标来评估项目在节能减排方面的效益。

（2）对地区环境质量的影响

根据上述节能减排数据，可以评估项目是否对改善当地环境产生显著作用，以及项目是否对地区环境质量造成危害性影响。

（3）自然资源保护

①我国太阳能电池片生产状况。自2013年以来，中国的太阳能电池片产量规模稳步扩大，使光伏产业对单晶硅的需求不断上升。到2021年底，中国的电池片产量已经达到197.9吉瓦，同比增长46.8%。

在电池片领域，2021年新建的生产线以PERC电池产线为主，随着全球市场对高效产品的需求增加、相关产业企业成本降低及技术进步带来的产品良品率提高，常规电池片（BSF电池）的市场份额逐渐下降。

2023年10月18日，国家统计局公布了2023年前三季度经济发展相关数据。前三季度光伏电池总产量为384.28吉瓦，同比增长63.2%。如果第四季度，中国光伏电池产量维持1—9月的水平且没有太大变化，那么全年中国光伏电池的总产量将会超过500吉瓦。中信期货预计2023年中国硅料产量将超过140万吨，而硅片、电池片与组件的全年产能均接近700吉瓦。

随着世界各国本土产业链政策的推进，全球光伏的产业格局必将重构，中国光伏制造产业也正流向全球市场。2022年以来，中国光伏产业资本正由中国流向东南亚、美国、欧洲、中东等国家和地区。其中，流向东南亚的规模最大，硅片超过21吉瓦，电池片为42.8吉瓦，组件超过43.5吉瓦。美国则吸收了中国14吉瓦的组件产能。据InfoLink的数据，2022年中国出口欧洲光伏组件86.6吉瓦。全年共出口光伏组件150吉瓦以上（此外还有硅片约36吉瓦、电池约24吉瓦），也就是大约一半出口到欧洲。

②光伏电池板制造高污染的问题正在逐步解决。薄膜光伏发电技术在节能减排方面具有显著的作用。它通过减少化石能源消耗、降低能源损耗、促进可再生能源利用以及推动低碳经济发展等，为全球的可持续发展做出积极的贡献。而随着技术的不断进步和应用普及，薄膜光伏发电技术在节能减排方面的作用更加凸显，在国际上拥有广泛的应用前景。

国家能源局数据显示，截至2024年底，我国的薄膜光伏发电装机容量达到1418兆瓦，较2023年增长了122.3%，较2022年增长了715.8%，实现了较快增长。受政策支持的影响，随着薄膜光伏发电技术的发展，薄膜光伏发电行业的产品价格也在大幅下降，2024 年我国薄膜光伏发电行业产品总价格降幅比 2023 年提高了 11.5%。由此可以看出，中国的薄膜光伏市场规模在不断扩大。随着光伏市场的整体增长，薄膜光伏技术逐渐成为主流。一些国内企业开始涉足薄膜光伏领域，并逐步提高了市场份额，中国已经成为全球最大的薄膜光伏市场。中国在薄膜光伏技术方面取得了一些创新成果。中国科学家已经研究出一种新型的钙钛矿薄膜光伏材料，具有高效率、低成本、制造工艺简单等优点，被认为是一种具有潜力的新型光伏材料。此外，中国的一些企业也开始推出具有自主知识产权的薄膜光伏产品，并实现了商业化应用。研究人员发现，使用微波辐射加热硅几乎和使用熔炉一样有效。微波加热具有节能、速度快、均匀、经济可行等优点，已被广泛应用于橡胶、陶瓷、木材等行业。

4.4.3.3　光伏发电项目财务效果后评价

（1）内部收益

根据项目工程的总造价估算，对投资预期、使用寿命、光伏系统的装机容量和年发电量等因素，进行效益评价，并将项目的发电量与商业用电的电价进行比较分析，得出一份财务分析报告。这份后评价的财务分析报告涵盖了各项数据和财务现金流量，所有数据都是基于项目竣工日期的。

财务分析中考虑了通货膨胀因素，通货膨胀率会对初始成本、财务税前内部收益率、投资回收期、太阳能电站项目的净现值，以及内部收益率与基准收益率的比较等盈利指标产生影响。通过对这些方面的分析，我们可以全面了解太阳能项目的盈利能力。

财务分析包括动态和静态两个方面的内容。动态分析涵盖了项目在运营期内是否能够实现盈利，以及投资成本是否能够在项目的使用寿命内收回。静态分析则主要侧重损益表和现金流量分析，以评估项目在后续运营期间是否能够持续盈利。最终，企业需要考虑项目对电网安全性、供电质量等方面的影响，以及项目所产生的社会效益和环境效益，以全面评估项目的必要性。这种综合评估有助于企业做出明智的决策。

固定资产投资额和购售电价差都会对盈利能力指标产生影响，购售电价差的影响更为明显。从趋势方面分析，当加大项目投资、扩大项目规模或提高售电价格时，该项目的盈利能力将大幅提高。

（2）投资回收

投资回收包括以下两点。

其一，成本政策。

近年来，国家陆续出台了一系列与光伏发电相关的政策来解决太阳能光伏发电的高成本问题。目前，国家对分布式光伏发电项目的补贴是基于电量的，补贴资金由电网企业转付给分布式光伏发电项目的单位。分布式光伏发电项目必须满足以下条件才能申请补贴：

①完成备案程序。

② 纳入 2020 年财政补贴规模。

③采用“自发自用、余量上网”模式的工商业分布式光伏发电项目，全发电量补贴标准为每千瓦·时 0. 05 元。

④采用“全额上网”模式的工商业分布式光伏发电项目，按所在资源区集中式光伏电站的指导价执行。

⑤项目并网后，投资人可获得每千瓦·时 0. 25 元的补贴。

此外，针对集中式光伏发电项目，可将全国划分为三类太阳能资源区，标杆上网电价分别为每千瓦·时 0. 9 元、每千瓦·时 0. 95 元和每千瓦·时 1 元（在某些情况下，地方政府可能会为鼓励光伏发电而制定高于标杆价的上网电价标准，一般情况下，超出部分由省级财政承担）。电网企业可以申请可再生能源发电补贴资金，以弥补光伏电站标杆上网电价高于当地燃煤机组标杆上网电价的部分。这些政策旨在降低光伏发电成本，促进可再生能源的发展，鼓励更多的企业和个人投资光伏发电项目。同时，这些政策有助于实现我国的能源转型和环境保护目标。

其二，关于开发成本的几点思考。

①包括风能、太阳能在内的清洁能源虽然不计其数，但不可能都利用起来。关键是这些清洁能源的开发成本太高，最终导致利用价格高，超出了人们目前所能承受的消费水平。

按照国内现在以成本为主要因素的电价定价机制，清洁能源上网电价高是不可避免的。

②从供电企业考虑，太阳能光伏发电的迅猛发展，必将对供电企业自身造成冲击，首先是效益的冲击。光伏发电的上网电价、网上电量回购等新生事物，需要供电企业通过项目后评价的实施，开展电价成本的后期研究，为吸收、应用清洁能源技术进行经验储备。

目前国际上光伏发电发展比较好的国家一般执行两种上网电价政策——固定电价和可变电价。近几年，国外上网电价政策因国家、地区和政策目标的不同而存在差异，举例如下。

德国实行固定电价和可变电价相结合的上网电价政策。对于已安装的光伏发电系统，电力公司会支付固定的电价；对于未安装的光伏发电系统，电力公司会支付可变的电价。

意大利和日本都实行固定电价和可变电价相结合的上网电价政策。对于已安装的光伏发电系统，电力公司会支付固定的电价；对于未安装的光伏发电系统，电力公司会支付可变的电价。此外，意大利和日本都设立了光伏补贴基金，对符合条件的光伏发电系统进行补贴。

英国和美国实行可变电价政策。电力公司根据发电设备的实际发电量、用电需求等因素向发电企业支付电费。此外，英国还设立了一个可再生能源义务基金，对符合条件的光伏发电系统进行补贴。而美国对可再生能源发电项目实施税费减免等优惠政策。

总的来说，各国上网电价政策的差异主要体现在电价确定方式、补贴政策、监管制度等方面。这些政策都是为了促进可再生能源的发展和应用，同时需要根据本国的能源结构、用电需求等因素进行不断调整和完善。

在中国，根据国家发展改革委于 2022 年 4 月发布的《关于 2022 年新建风电、光伏发电项目延续平价上网政策的函》，对于 2022 年新获批准的陆上风电项目、最新备案的中央太阳能光伏电站以及商业和工业分布式太阳能光伏项目，将继续执行平价上网政策。具体而言，上网电价将按照当地燃煤发电的基准价制定。

此外，对于新的项目，还存在另一选择能更好地体现新能源绿色电力价值——自愿参与市场化交易制定上网电价。同时，国家发展改革委鼓励各地制定有针对性的支持政策，促进风电和太阳能光伏发电行业的高质量发展。据报道，目前已经有30多个地级市和县级单位制定了支持风电和太阳能光伏的政策。

随着能源和环保形势的日益严峻，国内专门从事太阳能光伏发电系统及其产品研究的大学院校、科研机构和企业在不断地提高技术水平，持续降低产品成本。国内整体的光伏发电技术紧追国际先进水平。

③目前，清洁能源风能、太阳能的消费量只占能源消费总量的极少比例，因数量少，其高价可以通过化石能源的低价平抑一部分，再由消费者埋单。一旦今后清洁能源供应量大起来，高昂的价格与相对较低的消费水平，将是清洁能源发展的一个矛盾突出点。这种障碍短期内不能破除，需要较长的过程，一方面，化石能源开发成本逐渐攀升，包括环境等外部成本内部化；另一方面，随着科技水平的提高，清洁能源开发成本逐渐下降。

4.4.3.4 光伏发电项目持续性后评价

（1）政府政策评价

中国政府积极倡导可持续发展，建设太阳能光伏发电项目成为重要举措，代表着未来新能源发展方向。政府连续出台一系列鼓励政策，致力于清洁能源的发展。国家发展和改革委员会颁布了太阳能光伏行业的指导政策，并制定了相关战略和发展目标，负责审批项目、监管生产运营以及管理投资。

此外，工信部、住建部、交通运输部、农业农村部、国家能源局和国务院扶贫办联合发布了《智能光伏产业发展行动计划（2018—2020年）》，提出加速光伏产业的智能制造水平提升，促进光伏产业与互联网、大数据、人工智能等领域深度融合，鼓励特色行业智能光伏应用，以推动我国光伏产业向全球价值链中高端迈进。

在建筑领域方面，中共中央办公厅和国务院办公厅颁发的《关于推动城乡建设绿色发展的意见》提出了建设高品质绿色建筑、促进区域建筑能效提升的目标。此外，该文件还鼓励推广合同能源管理和合同节水管理服务模式，降低建筑运行的能耗和水耗，积极推动可再生能源的应用，并鼓励智能光伏与绿色建筑的创新融合发展。这些政策为太阳能光伏发电的发展提供了强有力的支持，同时表明了国家对可再生能源和新能源开发利用的重视。

（2）技术因素评价

技术因素评价在引进技术装备、开发新技术和新工艺等技术领域方面，可以被接受并推广应用。我国相关企业对项目采用的关键技术已经具备深刻的理解，满足了项目前评估的条件要求，并通过技术培训提升新产品开发应用的潜力。

在硅系列太阳能电池领域，单晶硅太阳能电池表现出了最高的转换效率，并且已经具备显著的成熟度。工业生产的单晶硅太阳能电池已经达到23%的效率，有望实现高于25%的效率目标。在单晶硅电池的制造过程中，通常采用表面织构化、发射区钝化、分区掺杂等先进技术。提升单晶硅电池的转换效率主要依赖于单晶硅表面微结构处理和分区掺杂工艺的不断改进。

另外，多晶硅薄膜电池采用了几乎所有制备单晶硅太阳能电池的关键技术，还采用了再结晶工艺，从而显著提高了转换效率。目前，市场上工业生产的多晶硅太阳能电池已经达到18.5%的效率，有望实现20%以上的效率目标。与单晶硅电池不同，多晶硅薄膜电池所需的硅材料较少，没有效率衰退问题，且可以使用廉价的衬底材料制备，从而降低了制造成本。与非晶硅薄膜电池相比，多晶硅薄膜电池效率更高，因此在太阳能电池市场上有望占据主导地位。

此外，集成型非晶硅太阳能电池采用激光切割技术，有效面积利用率可达90%以上。目前，大规模生产的硅薄膜太阳能电池的光电转换效率为5%～8%。非晶硅电池通常采用等离子体增强化学气相沉积（PECVD）方法，通过分解高纯硅烷等气体来制备。这种制造工艺允许在多个真空沉积室中连续进行，以实现大批量生产。

不仅如此，近年来我国太阳能光伏发电领域还出现了许多新技术，包括：

钙钛矿太阳能电池：钙钛矿材料具有优异的光吸收能力和电荷传输特性，可使太阳能向电能高效转化。钙钛矿太阳能电池较传统硅基电池具有更高的转换效率和更低的制造成本，还有柔性、透明等特点，可以被应用于更广泛的领域。

新型高效率太阳能电池：一系列新型高效率太阳能电池被研发出来，如异质结太阳能电池、有机太阳能电池、钙钛矿太阳能电池等。新型电池具有高转换效率、低成本、柔性等优点，有望在未来得到广泛应用。

太阳能光伏储能技术：太阳能光伏储能技术是解决太阳能光伏发电不稳定性的关键技术之一。研究人员开发了一系列新型太阳能光伏储能技术，如锂离子电池储能技术、钠离子电池储能技术等。这些新型储能技术具有高能量密度、高循环寿命、低成本等优点，有望在未来得到广泛应用。

此外，还有一些其他的新技术，如太阳能光伏跟踪技术、智能电网技术等，这些新技术可以提高太阳能光伏发电的效率和稳定性，进一步推动太阳能光伏发电的发展。

（3）管理、组织和参与评价

作为供电企业，清洁能源技术的兴起正对我们的管理理念和模式产生深刻影响。两年前，我们开始反思风电接入难、风电产生电力却难以输送等问题，引发了供电企业界的广泛思考。就像风电在过去几年内以出人意料的速度迅猛发展一样，太阳能光伏发电也正在飞速发展，并已经展现在我们眼前，但还是存在一系列问题。

首先，目前城市光伏发电规模较小，以分散式接入配电网和本地消纳为主。光伏发电一旦规模化进入市场，电网将面临一系列复杂的技术挑战，如调峰调频、电网稳定和电压控制等。在缺乏统一规划和并网管理不规范的情况下，我们需要思考如何确保电网的安全和稳定运行。

其次，根据国家《可再生能源法》的要求，电网企业必须全额购买可再生能源电力，其中包括光伏电力。这意味着电网企业的利润可能会受到一定程度的影响。因此，我们需要思考采用何种管理模式来维持和增加财务效益，以应对这一挑战。

光伏发电项目的实施，开阔了项目管理人员、参与人员的眼界，使他们接触了清洁能源技术，了解了太阳能光伏发电前沿理论和实践，大力提高了人员素质。通过合理的组织配合、人员培训，一大批专业人员初步掌握了太阳能光伏发电技术的原理，较好地掌握了应用技术。随着国家可再生能源价格政策的逐步到位，供电企业也将适应光伏发电上网带来的利益冲击，转变管理方式，带动企业增长内部财务收益率。

4.5　新能源项目后评价的内容体系与反馈机制

4.5.1　新能源项目后评价的内容体系

新能源项目后评价的内容体系主要包括以下六个方面。

（1）技术评价：对新能源项目所采用的技术进行评估，包括技术的可行性、性能指标和创新性等。比较新能源技术与现有技术的差异，评估其在实际应用中的效果和优势。

（2）经济评价：评估新能源项目的经济效益，包括成本效益分析、投资回报率、就业机会等。比较新能源项目与传统能源项目的经济效益，评估前者在市场竞争中的优势。

（3）环境评价：评估新能源项目对环境的影响，包括减少温室气体排放、降低空气和水污染等。分析新能源项目对自然资源的利用和保护情况，评估其对生态系统的影响。

（4）社会评价：评估新能源项目对当地社区和居民的影响，包括就业机会、贫困减少、社会公平等方面。分析项目参与者的参与程度和满意度，考虑社会接受度和社会认同的因素。

（5）可持续性评价：评估新能源项目在长期可持续发展方面的潜力，以及在经济、环境和社会层面的可持续性。考虑项目的可复制性和可扩展性，评估其对未来能源转型和可持续发展的贡献。

（6）风险评估与管理：对新能源项目实施过程中的风险进行评估，包括技术风险、市场风险和政策风险等。提供风险管理策略和措施，以帮助项目管理者有效应对潜在的风险和挑战。

综上所述，新能源项目后评价的内容体系涵盖技术、经济、环境、社会、可持续性以及风险等多个方面。通过全面评价这些因素，可以对新能源项目实施的效果和影响进行综合评估，并提供指导和改进建议，以促进项目的可持续发展，提升其社会效益。

4.5.2 新能源项目后评价的反馈机制

4.5.2.1 新能源项目成果反馈与应用扩散机制内涵

新能源项目成果反馈与应用扩散机制涉及如何将项目的成果有效地传播、推广和应用到更广泛的范围，通常包含以下八个方面。

（1）成果总结与整理：对新能源项目的成果进行全面的总结和整理，可能涉及技术创新、经济效益、环境效益等各个方面的成果。

（2）信息传递与沟通：通过有效的沟通渠道，将项目成果的信息传递给利益相关方，包括政府机构、产业界、学术界和公众。可以通过报告、会议、研讨会、媒体报道等多种方式实现。

（3）技术标准和规范的制定：将项目成果应用到实际中可能需要制定相关的技术标准和规范，以确保成果的正确应用和推广。

（4）培训和知识传递：为相关从业人员提供培训，确保他们理解并能应用新能源项目的成果。这有助于促进技术的快速传播和应用。

（5）合作与伙伴关系：建立合作关系，促使新能源项目的成果在产业链上的多个环节得到应用，包括与产业合作伙伴、研究机构、政府部门等合作。

(6) 政策支持：确保相关的政策环境能够支持新能源项目成果的应用，包括制定激励政策、减少法规障碍等。

(7) 风险管理与反馈机制：建立风险管理和反馈机制，及时了解项目成果应用中可能面临的问题和挑战，并采取措施加以解决。

(8) 社会参与和接受：通过社会参与，确保项目成果的应用得到公众的支持和接受。这有助于减少潜在的抵制和阻力。

通过这样的扩散机制，新能源项目的成果可以更全面、有效地在社会中应用，从而实现项目的可持续发展，提升其社会效益。

4.5.2.2　新能源项目成果反馈与应用扩散机制方案

设计新能源项目成果反馈与应用扩散机制需要考虑多个因素，以下是一个可能的方案。

(1) 建立成果反馈平台：创立一个在线平台，定期发布新能源项目的成果和最新进展。提供多样化的信息，包括技术说明、经济效益、环境影响等，以满足不同利益相关方的需求。

(2) 利用社交媒体和网络宣传：运用社交媒体、博客和其他在线渠道，增加新能源项目成果的曝光度；制作吸引人的多媒体内容，以便更广泛地吸引公众和行业注意；定期组织成果推介会，邀请相关行业专业人士、政府代表和媒体参与；在不同地点进行路演，将项目成果直接介绍给地方政府和企业。

(3) 建立技术标准和规范：参与制定行业相关技术标准和规范，确保项目成果能够被广泛接受和应用；与标准制定组织和行业协会密切合作，推动标准的制定过程；提供面向从业人员的培训课程，以确保他们能够有效地掌握和运用新能源项目的成果；定期组织行业研讨会，促进经验分享和技术交流，从而统一标准和规范。

(4) 建立产学研合作机制：与研究机构和高校建立合作关系，推动新能源项目成果在学术界的应用；鼓励产学研合作，促进技术创新和共同研发；设立反馈渠道，收集用户和利益相关方的意见与建议；建立改进机制，及时调整和优化新能源项目成果的应用策略。

这个方案的关键在于多渠道、多层次的推广方式，同时注重与不同利益相关方的互动和合作。通过这样的机制，可以更好地实现新能源项目成果的反馈和应用扩散，促使其在社会中发挥更大的影响力。

第三篇

新能源项目后评价实务

第5章　风电项目后评价实证分析

5.1　DTYJC 风电项目后评价

5.1.1　项目概况

5.1.1.1　项目基本情况

YJC 风电场一期项目位于山梁顶部，占地面积约为33平方千米，海拔高度为1850~2222米。YJC 风电场项目共规划两期共100兆瓦容量，第一期已完成建设，二期已核准待建。该工程于2011年4月7日获得山西省发展和改革委员会的核准，于2012年4月16日取得了集团公司的开工批复。工程于2012年4月19日正式开始建设，并在2013年3月10日成功实现了首批机组的并网发电。整个工程于2013年6月17日完成，全部机组正式投入运行，并于同年10月正式转入生产阶段。

（1）风资源评估

对于风电场0006#测风塔，我们经过处理和分析，并与气象站的相关数据进行比对，成功地推算出从2009年7月25日到2010年7月24日的一整年各个高度的风速数据。基于各项资源参数的计算结果，能够初步得出以下结论。

① 0006#测风塔实测10米、30米、50米、60米、65米、70米和80米高度年平均风速分别为7.32米/秒、7.60米/秒、7.82米/秒、7.86米/秒、7.87米/秒 、7.88米/秒 和7.91米/秒，年平均风功率密度分别为

315.2 瓦/平方米、349.3 瓦/平方米、375.9 瓦/平方米、380.1 瓦/平方米、383.9 瓦/平方米、388.7 瓦/平方米 和 400.5 瓦/平方米 。因此，根据0006#测风塔实测数据，本阶段定义风电场的风功率密度等级为三级。

②本风电场实测完整年 10 米高度风能频率集中于 3～14 米/秒，占 91.67%，风能频率集中于 4～18 米/秒，占 96.33%；70 米高度风能频率集中于 3～14 米/秒，占 90.18%，风能频率集中于 4～18 米/秒，占 95.69%。从风能分布来看，较大比例在可利用区间，风能品质较好。

③本风电场 0006#测风塔实测完整年 10 米高度主导风向为 SSE，占 17.32%，次主导风向为 NNW，占 12.55%；70 米高度主导风向为 NW，占 15.46%，次主导风向为 SSE，占 14.55%。0006#测风塔实测完整年 10 米高度风能的主导风向为 NW，占 27.84%，次主导风向为 WNW，占 20.36%；70 米高度风能的主导风向为 NW，占 28.20%，次主导风向为 WNW，占 20.79%。

④该风电场的风速特点表现为大风主要出现在冬、春季节，伴随较高的风速和风功率密度；小风则更多地出现在夏、秋季节，伴随相对较低的风速和风功率密度。在测风阶段，风速和风功率密度的峰值通常出现在 12 月，最低值则出现在 7 月。总体趋势是白天的风速相对较低，而晚上的风速相对较高。

具体而言，整年 10 米高度的逐时平均风速在 7.09～7.48 米/秒波动，日变幅为 0.39 米/秒。逐时风功率密度则在 295.8～332.7 瓦/平方米变化。而在 70 米高度，逐时平均风速为 7.3～8.44 米/秒，日变幅为 1.14 米/秒。相应的逐时风功率密度在 326.2～456.6 瓦/平方米波动。需要注意的是，风功率密度的变化比风速的变化更为显著，因为它们之间存在立方关系。

⑤根据 0006#测风塔计算的成果，本阶段将风电场的安全等级暂定义为 IEC Ⅱ C 类。

综上所述，本风电场区域风能资源丰富，具有较好的风场开发条件。

（2）机组设备厂家和主要参数

根据YJC风电场一期工程提供的现场资料，风电场海拔高度为1850～2222米，年平均空气密度为0.99千克/立方米，代表测风塔70米高度年平均风速为7.88米/秒，折合标准空气密度（1.225千克/立方米）下风电场50年一遇10分钟平均最大风速为41.4米/秒。50米以上风速15米/秒时的湍流强度小于0.12，相对较小。多年最低温度为－30.7℃。本项目最终选用24台湘电风能XE93－2000低温型风力发电机组和1台太重工的TZ77－1500型风力发电机组，湘电风能XE93－2000低温型风力发电机组采用80米高度塔筒，设计等级为IEC Ⅱ A，主要参数如表5－1所示，总体来看，XE93－2000机型在当时的行业技术水平下机组技术和发电能力较优。

表5－1　机组主要技术参数

序号	部件	单位	数值
1	机组数据		
1.1	制造厂家/型号	XE93－2000	湘电风能有限公司
1.2	额定功率	千瓦	2000
1.3	功率调节方式		变桨变速
1.4	风轮直径	米	93.4
1.5	轮毂高度（推荐方案）	米	80
1.6	切入风速	米/秒	3
1.7	额定风速	米/秒	10.5
1.8	切出风速	米/秒	25
1.9	大风后再启动风速	米/秒	20
1.10	极大风速	米/秒	59.5/3秒
1.11	运行环境温度	摄氏度	－30～40
1.12	超低温后再启动温度	摄氏度	－20
1.13	预期寿命	年	20
1.14	该机型已安装数量	台	详见商务部分业绩表

可研报告中，设计单位推算出风电场50年一遇10分钟平均最大风速为41.4米/秒，从保证机组安全性角度考虑推荐采用IEC Ⅱ类机组，但这

种情况也在一定程度上限制了发电能力的进一步优化。

YJC风电场的场址区域不存在崩塌、滑坡、采空区或泥石流护区。此外，该区域没有旅游区，与旅游发展规划无冲突。风机的布置没有侵占基本农田，也不会对当地的生态环境产生负面影响。风电场所在区域具有丰富的风能资源，主要通过在山上高台错落布置风机来充分利用。该场址内有交错的乡间公路，交通运输较为便利，并且受到当地政府的积极支持和鼓励，这有助于项目的建设和运营。YJC风电场的建设和运营不仅可以提高当地电网供电能力，缓解电力紧张局面，还有助于优化当地的能源结构，保护生态环境，减少温室气体排放，促进经济社会的健康发展，具有重要的战略意义。

5.1.1.2 项目立项背景

我国在经济和社会发展方面致力于调整能源结构，减少对煤炭等传统能源的依赖，增加清洁能源的比例。国家的目标是将水能、核能、风能、太阳能等非化石能源在一次能源消费总量中的比重从2010年的8.3%提高到2015年的11.4%，并实现到2020年非化石能源在一次能源消费总量中的比重达到15%，以履行国际承诺。国家在"十二五"规划中新增了非化石能源在一次能源消费总量中的比重、单位国内生产总值二氧化碳排放量等多个约束性指标，同时进一步细化了原有的主要污染排放指标。

风力发电项目符合国家环保、电力、能源相关法律法规以及产业政策的规定和要求。它是我国电力发展规划中受到鼓励的技术和电力建设项目，也是一种清洁、绿色的可再生能源发电方式，对降低我国的一次能源消费、促进产业结构调整、实现经济可持续发展具有重要作用。

风能是一种清洁、绿色、环保、低碳的能源，因此建设风力发电项目对节约一次能源、减少二氧化碳排放、保护环境具有重要意义。

(1) 电力市场需求情况

2015年，全社会用电量累计完成1737.2亿千瓦·时，同比降低4.7%，增速较上年同期回落4.2个百分点，降幅高于国网系统平均水平4.9个百分点。从各月全社会用电量降幅趋势看，2月、3月增速下滑幅度较大，4—11 月回落幅度有所收窄，12 月全社会用电量完成 157.0 亿千瓦·时，同比降低 7.7%。

受市场需求不足影响，省工业企业开工明显下降，煤炭、钢材等主导产品量价齐跌，全省工业经济继续回落，但回落态势不明显。仅固定资产投资及进口总额高于全国平均水平，全省规模以上工业增加值、全省社会消费零售总额、出口总额均低于全国平均水平。

（2）电网建设情况

根据山西“十三五”电网规划，此类项目在完善各级电网网架、满足新增负荷用电需求、服务低热值煤和新能源电源并网、提升城乡居民用电质量等方面，已经具备一定的必要性和紧迫性。公司积极认真落实项目的系统方案和外部条件，多次向省发展改革委汇报项目建设的必要性和紧迫性，对接“新常态”下电网前期立项工作的模式，以尽早将后续年度电网项目纳入省发展改革委建设规划。本次文件的取得，为顺利推进 2015—2017 年各项电网工程前期工作创造了有利条件，此外，为缓解风电并网难问题，在全省范围内加快建设坚强智能电网，优化风电发展外部条件。加快调峰电源建设，鼓励现有常规火电开展技术改造，深度挖掘火电机组调峰能力，建设抽水蓄能电站等快速调节电源，提高风电吸纳能力；研究压缩空气蓄能、电化学储能等大规模蓄能技术及应用，探索提高需求侧负荷率。

（3）资金筹措情况

项目批复总结算工程总投资 38765 万元，按资本金比例 20%，应筹措资本金 7753 万元，实际到位 7510 万元，资金缺口 243 万元；按项目应融资比例 80%，应融资 31012 万元，实际向中国银行借款 13191 万元，向建设银行借款 16009 万元，因工程存在质保金和考核金，项目资金筹措完成效果较好。但因集团公司未批复送出线路动态投资 4571 万元的投资和资金计划，由 DT 新能源公司垫资建设，项目实际资金压力较大。

5.1.2 技术评价

5.1.2.1 风能资源和选择

（1）测风塔基本情况

本风电场前期设立一座0006#测风塔，于2009年7月24日开展测风工作。在塔高70米、60米、50米、30米、10米处安装风速传感器，在70米和10米高度安装风向传感器，在10米高度安装气温计，在70米高度安装气压计。测风设备采用美国NRG测风仪。测风塔的具体情况如表5-2所示。

表5-2 0006#测风塔信息

测风塔名称	测风周期	海拔（米）	风速计安装高度（米）	风向标安装高度（米）	可研所选测风周期
0006#	2009年7月24日至2010年10月5日	2100	70/60/50/30/10	70/10	2009年7月25日至2010年7月24日

在测风塔位置方面，该风电场属于复杂地形，0006#测风塔距离风电场机位较远，不能较好地代表整个风电场的风资源状况，评估时会有较大的不确定性。建议合理布设测风塔，提高可研阶段评估的准确性。

（2）风资源及产能复核

可研阶段，0006#测风塔的测量周期为2009年7月24日至2010年8月13日，选择完整年2009年7月25日至2010年7月24日进行统计分析；后评价阶段收集的0006#测风塔的测量周期为2009年7月24日至2010年10月5日，考虑数据的有效性，以及同可研阶段的对比，后评价阶段完整年的选择同可研阶段一致。YJC风电场实际数据与可研数据对比如表5-3所示。

表5-3 后评价测风资料与可研对比

项目	可研	后评价
测风塔名称	0006#	0006#
测风周期	2009年7月25日至2010年7月24日	2009年7月25日至2010年7月24日

续表

项目	可研	后评价
70 米年平均风速（米/秒）	7.88	7.98
主风向	NW	NW
空气密度（千克/立方米）	0.9909	0.9909
风速分布（70 米）	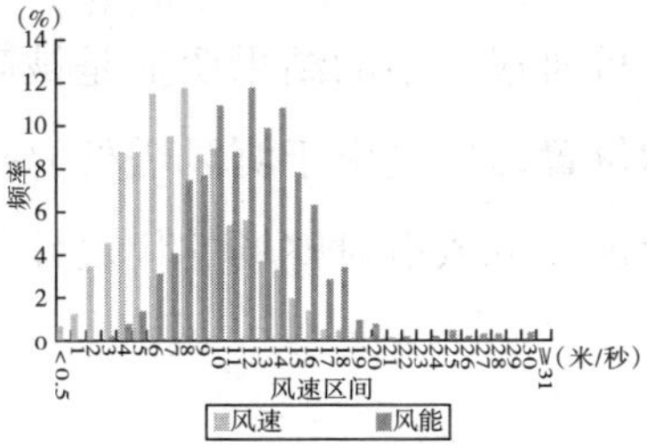	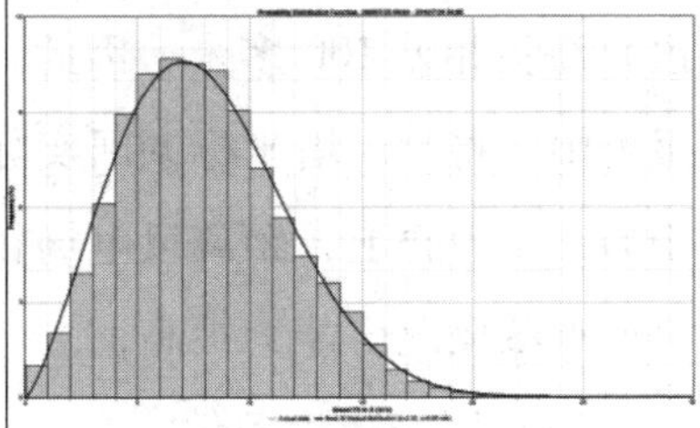
风向玫瑰图（70 米）	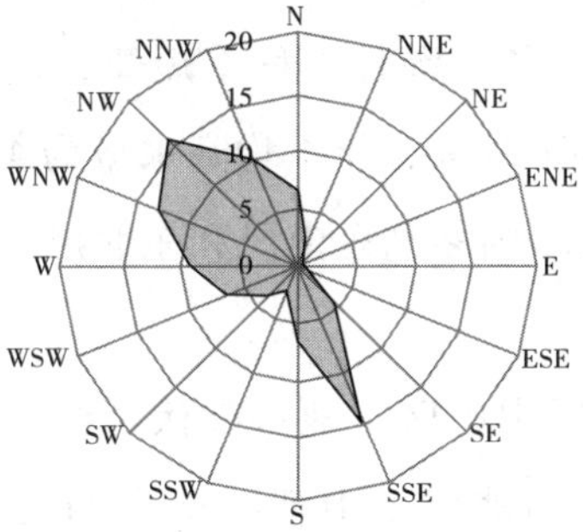	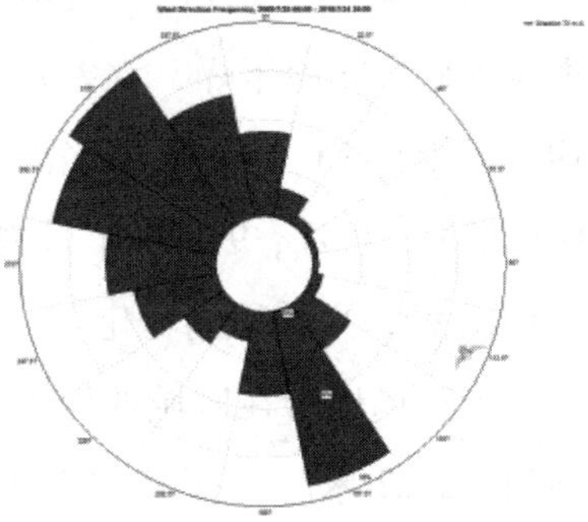
风能玫瑰图（70 米）	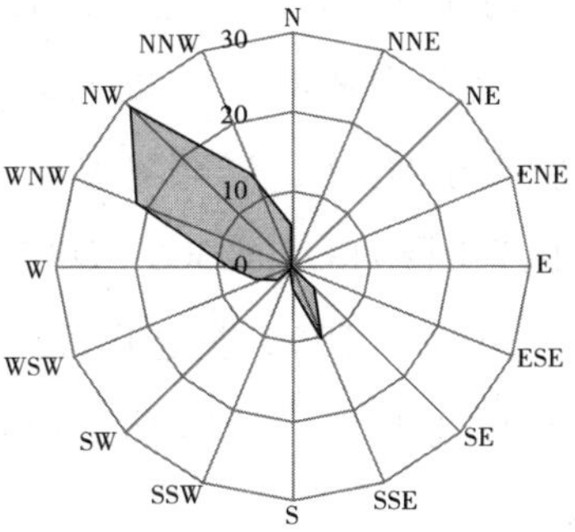	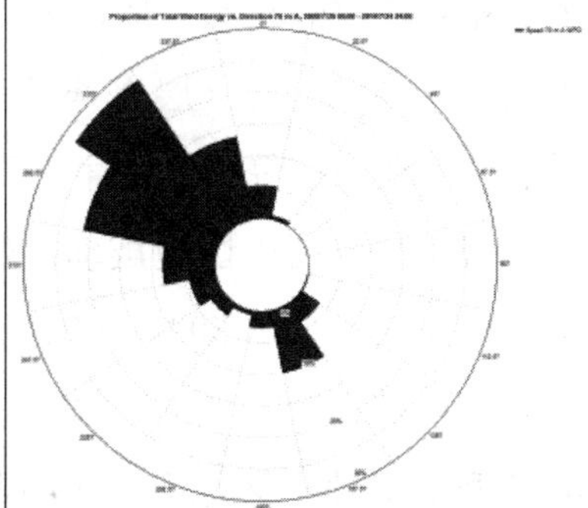

根据可研报告结果，以及对比分析情况，可研报告风资源评估部分按照《风电场风能资源评估方法》（GB/T 18710—2002）标准要求进行风资源评估工作。风资源评估方面，可研和微选均采用了0006#同期的测风数据，但从两份报告的80米风电场平均风速分布图来看，两次测风塔的位置明显不一样，可研报告以及测风数据中的测风塔的经纬度坐标与实际位置不一致，按照可研报告中的坐标（山坡），测风塔的位置与实际位置（山顶）海拔相差100多米，因此，可研报告中的结果明显是被高估了。微选报告中，将测风塔坐标调回实际位置，但是由于测风塔处海拔较高，且位于另一条山脊上，距离风电场较远，测风塔对整场的代表性不够好，所以机位点的风况可能会被高估。

（3）区域建设条件

YJC风电场场址内有交错的乡间公路，交通较为便利。中温带大陆性季风气候，寒冷干燥，温差较大，冬季漫长，秋季短暂，夏无酷暑，年平均气温为6.3℃，年平均无霜期为120天，年平均降水量为434毫米，多集中于7月、8月、9月3个月内。境内多刮东南风和东北风，年平均风速为3.4米/秒，主导风向稳定。

工程场地所在区域地貌单元属中山区，地势起伏，本区域地面标高为1850～2222米。在区域构造上，场地位于中朝准地台的吕梁隆起带北西部，西与鄂尔多斯台地相邻。该区自中更新世以来发震频率低、能级小，处于相对稳定的状态，场地内无活动断裂通过，是建厂的有利地段。场地地处山梁顶部，岩土层以寒武系上统、奥陶系下统的白云岩、白云质灰岩、竹叶状灰岩等岩石为主，厚度大于50米；局部覆盖0.3～0.5米的坡积土层。根据《中国地震动参数区划图》（GB 18306—2001）和《建筑抗震设计规范》（GB 50011—2001）（2008年版），拟选厂址的地震动峰值加速度为0.05g，对应的地震基本烈度为Ⅵ度，地震动反应谱特征周期为0.45秒，场地土无地震液化问题。

综上所述，在该区域内建设风电场具有较好的资源、工程建设和气候等条件。

（4）微观选址

可研阶段机型为 WTG2－1500，共 33 台；微选阶段机型为 XE93－2000，共 29 台，包括 24 台机位与 5 台备选机位；实际机组共 25 台，其中 24 台XE93－2000、1 台太重工 Z77－1500。

由于可研选择 1500 千瓦机组，共 33 台，微选及实际运行是 2000 千瓦机组，共 54 台，差异较大，不做具体对比。

实际机位与微选机位相比，有 4 台机位舍弃（F01、F06、F07、B06），微选报告中 5 台（F11、F23、B04、B05、B06）作为备用机位；其他机位变化较小，可能是坐标转换以及现场施工微调造成的（后评价没有提供地形图以及机位排布，提供的实际机位坐标为经纬度坐标，坐标转换时会有偏差）。

微选报告中作为备用的 5 个机位处于整场 29 个机位中模拟风速较低的位置，而实际舍弃的位置除了 B06，另外 3 个机位的风速较高。由于没有收集到相关资料，不能确定备用机位变换的原因。

可研、微选以及后评价发电量计算结果如表 5－4 所示。

表 5－4　风电场实际数据与可研报告数据对比

	可研	微选	后评价
机组型号	WTG2－1500	XE93－2000	XE93－2000 TZ77－1500
轮毂高度（米）	70	80	80/70
叶轮直径（米）	77	93.4	93.4/82
单机容量（千瓦）	1500	2000	2000/1500
风机数量（台）	33	29	24＋1
理论发电量（吉瓦·时）（考虑尾流效应后）	174.562	196.771	150.584（24 台）
上网电量（吉瓦·时）	117.934	138.980	106.357
等效满负荷小时	2382.5	2396.2	2216
总修正系数（不含空气密度和尾流）（%）	67.56	70.63	同微选
容量系数	0.272	0.274	0.253

可研及微选发电量计算均采用 WT 软件（基于计算流体动力学软件），上网电量估算折减系数考虑了机组以及当地环境等多个方面，但没考虑该地区的限电，2015 年以后有限电统计。

实际运行期发电量如表 5－5 所示，表中运行期只选择完整年。场址附近 2009—2015 年的年平均风速如图 5－1 所示。

表 5－5　可研发电量与实际完整年发电量对比

	发电量（吉瓦·时）	等效小时数（小时）	上网电量（吉瓦·时）
微选	—	2396.2	—
2014 年	84.865	1714	83.380
2015 年	85.383	1725	83.805

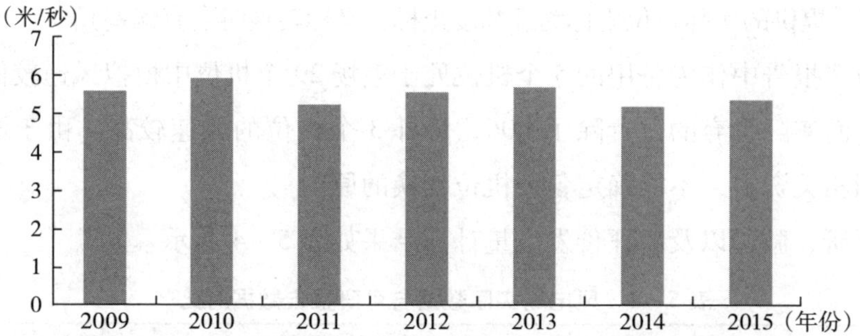

图 5－1　离风电场最近的 MERRA－2 数据年平均风速

根据表 5－5，风电场 2014 年、2015 年等效小时数均小于微选计算结果，且相差较大。

图 5－2 为 YJC 风电场 2015 年单台机组实际电量与复核电量对比。从图中可以看出，1～5#机组，11～16#机组发电量相差较大，这主要是限电造成的。另外，从图上看，复核的各机位与 2015 年实际发电量相比，除了年平均风速的差异，由于测风塔位于场外、距离较远、海拔较高，可能会使拟合结果偏高也是发电量差异较大的原因之一。

影响微选与实际发电量差异的因素很多，从设计阶段到运行阶段，都存在影响发电量差异的因素。根据已有的资料及模拟计算结果，测风塔代表性差（高估/低估）、机位变化、大小风年、发电量折减以及限电是影响

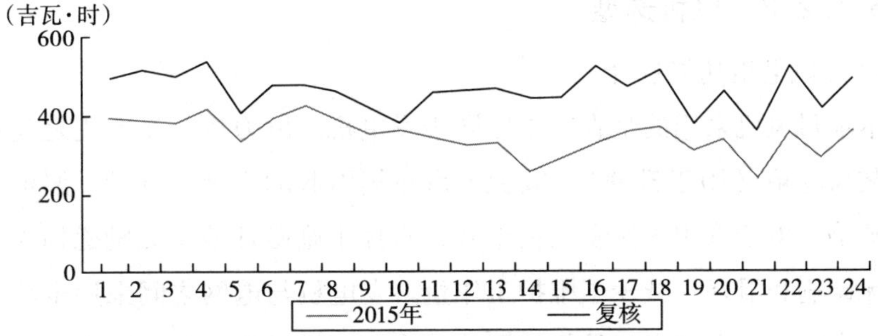

图 5－2　风电场 2015 年单台机组实际电量与复核电量对比

微选与实际发电量差异的主要原因。建议复杂地形风电场建设前期，根据地形地貌条件，合理布设测风塔，将测风塔安置在场区范围内，复杂地形风电场多布设一个测风塔，并记录测风塔的准确位置。

5.1.2.2　工程地质

（1）场址主要工程水文地质条件

YJC 风电场一期项目所在区域以中山区为主，区内山势陡峭，最高海拔标高可达 2000 米以上，相对高差为 200 ~ 500 米。场地位于山梁顶部，标高为 1850 ~ 2222 米。根据气象站资料，工程场地土壤最大冻结深度为 149 厘米。YJC 风电场一期项目各风机机位处在勘察期间勘察深度内未见地下水，据调查，各风机机位场地地下水埋深均大于 20 米，未对其地基基础产生影响。

（2）场地稳定及均匀性

根据《中国地震动参数区划图》（GB 18306—2001）和《建筑抗震设计规范》（GB 50011—2001）（2008 年版），风电场场址的地震动峰值加速度为 0.05g，对应的地震基本烈度为Ⅵ度，地震动反应谱特征周期为 0.45 秒，场地土无地震液化问题。①两个场地土类型为岩石，场地类别为Ⅰ类。②场地地下水水位埋深大于 50 米，基础未受到地下水的影响。③由于工程场地位于石灰岩发育区，石灰岩本身属于建材，所以场地内不存在采石场。④地基基础采用岩石地基。

5.1.2.3 风机选型

（1）风电组功能选择

本项目风机采用的是直驱永磁同步发电机。风力机与发电机之间不需要安装齿轮箱（用于升速），减少了齿轮箱引起的损耗、维护、漏油、噪声等缺陷。由于采用永磁发电机形式，省掉了励磁环节，无励磁损失。发电机无碳刷和滑环，减少了维护工作量。发电机与电网之间采用全功率变流器，发电机与电网之间的相互影响减小，而且风机运行速度在一个较宽的范围内，调节到风机的最优化效率值，可实现发电机低起伏平滑的电功率输出，达到优化系统的电能质量，可实现功率因数的调节。该种机型属引进技术国产组装机组。

（2）风机选型

①选型建议。建议后期项目对影响机组选型的关键参数（如湍流水平、极端风速、轮毂高度处风剪切指数、极端气候条件等）进行深入分析复核，评估其准确性及对机组选型的影响，尽可能地提高选型机组与风资源的匹配性。

目前行业内个性化设计的发展可以使风机最大限度地适应现场条件，适应实际风电场的全方位优化设计可以尽可能地提高风电场的经济效益。建议在后期风电场建设时有针对性地进行优化设计，提高风电场的整体收益水平。

②功率曲线分析。根据从 SCADA 系统中导出的功率曲线，分析结果如下。

不同机组功率曲线散点图差别较大，如图 5－3 所示，1#、2#和 5#风机功率曲线差别达 20%～30%。

部分机组功率散点离散度较大，如图 5－4 所示。

机组之间额定功率存在差异，如图 5－5 所示。

根据以上分析，风电场部分风机发电能力有进一步优化的空间，建议项目单位联系整机厂商或相关技术支撑单位，基于风机实时运行数据、故障记录等信息，对风机运行情况进行详细的分析，研究改进功率曲线、

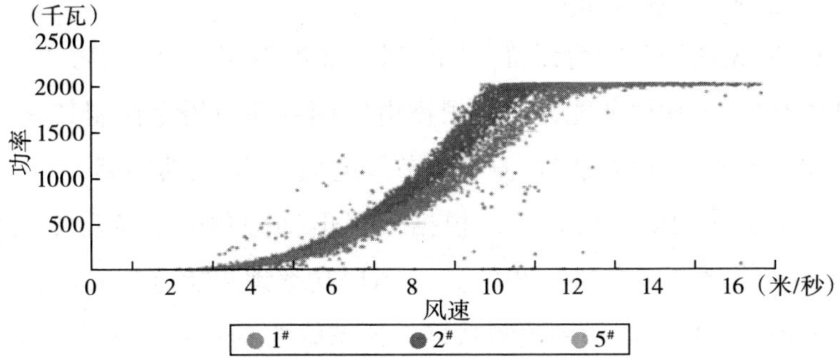

图 5－3　1#、2#、5#机组功率曲线散点图

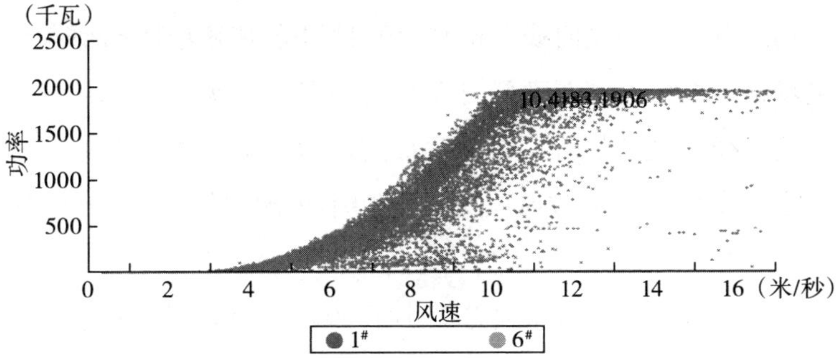

图 5－4　1#、6#机组功率散点离散度示意图

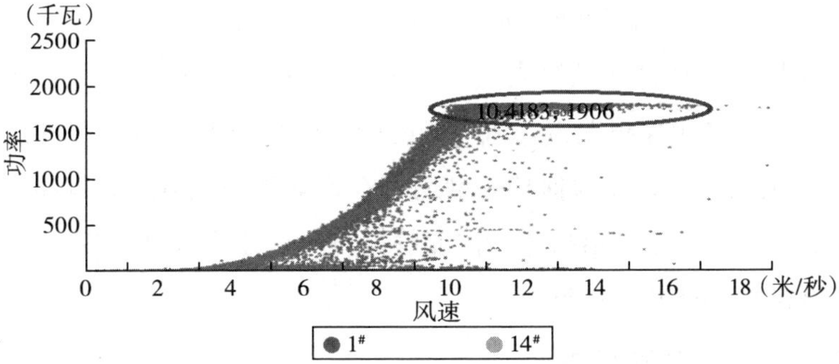

图 5－5　1#、14#机组额定功率差异散点图

提升发电效益的措施、方案。同时加强运行监控、运行分析，优化运行管理。

（3）电网友好型评价

①有功/无功调节能力评价。YJC 风电场配置了有功/无功功率控制系统，具备有功/无功调节能力，能根据电网调度部门指令控制其有功/无功输出，控制台或远方能实时监测和调节风电场有功/无功功率。

②风电功率预测系统评价。根据《风电功率预测系统功能规范（试行）》（国家电网调〔2010〕201 号），风电功率预测能力要求如下：

风电场应配置风电功率预测系统，该系统要具备 0～48 小时短期风电功率预测以及 15 分钟至第 4 小时超短期风电功率预测功能。

风电场每 15 分钟自动向电网调度部门滚动上报未来 15 分钟至第 4 小时的风电场发电功率预测曲线，预测值的时间分辨率为 15 分钟。

风电场每天按照电网调度部门规定的时间上报次日 0～24 时风电场发电功率预测曲线（遇节假日，在节假日前最后一个工作日上报节日期间和节后第一个工作日 0～24 时风电场发电功率预测曲线），预测值的时间分辨率为 15 分钟。

风电场短期预测月均方根误差应小于 20%，超短期预测第 4 小时预测值月均方根误差应小于 15%。

风电功率预测系统技术的关键是对风电场气象信息的预测。目前，风电场对气象信息预测的精度较低，部分数据误差较大。

③风电场风力发电机组满足《国家电网公司风电场接入电网技术规定》要求的低电压穿越能力。风电场内的风电机组要具备在并网点电压跌至 20% 额定电压时，能够保持并网运行 625 毫秒的低电压穿越能力；风电场并网点电压在发生跌落后 3 秒内能够恢复到额定电压的 90% 时，风电场内的风电机组保持并网运行。

5.1.2.4 电气系统

（1）升压站

YJC 风电场新建一座 220 千伏升压站，升压站内设一接地兼站用变压器，变压器安装在室内，负责给 380 伏配电装置供电。在项目建设中，充分考虑了 YJC 二期、三期需求，对原有的 YJC 风电场升压站进行了增容改造，在一次、二次系统的建设中预留出相应容量，节约了总体建设成本。

YJC 风电场 220 千伏升压变电站内有无功补偿装置场、35 千伏配电室、主变压器场和 220 千伏 GIS。无功补偿装置场布置有 3 套 SVG 装置和 1 套 FC 单元。35 千伏配电室布置有 13 台 35 千伏高压开关柜。主变压器为 1 台 150 兆伏安、220 千伏三相三绕组油浸式变压器，设置有防爆墙。220 千伏出线设备采用敞开式电气设备。

（2）集电线路

风电场项目委托电力勘测设计院进行了工程接入系统设计，新建 1 台 150 兆伏安升压变压器，24 台风机所发电力分 3 组汇集后，经三次 35 千伏集电线路接入 220 千伏升压站（其中主线采用架空方式敷设，各风机之间、线路穿越坡以及线路两端风机、升压站至终端塔采用电缆）。升压后经 220 千伏出线接入 L 县 220 千伏变电站，并入电网，导线采用 2 × JL/GIA - 400，线路长度约 34.5 千米。

在项目建设中，充分考虑了扩建二期、三期的需求，在一次、二次系统的建设中预留出相应容量，节约了总体建设成本。

（3）送出线路

线路配置 2 套纵联差动保护，均采用光纤通道传输；220 千伏母线配置 2 套不同厂家的微机母差及失灵保护；站内配置 1 套 220 千伏风电场，具备有功功率控制和无功电压控制功能；风机监控系统、有功功率控制系统、无功电压控制系统已开放接口协议，并与升压站监控系统的通信接口；不同系统间、不同分区设备之间满足“安全分区、网络专用、横向隔离”，并配置了相应的隔离设备。

风电场配置 1 套风功率预测系统，信息通过调度数据网传送至调度主站；配置 1 套电能质量在线监测装置、1 套电能量采集装置。

配置 1 套 220 千伏故障录波系统、1 套故障录波及信息子站系统，信息经由调度数据网专用线路上传至调度主站；220 千伏变电站新配置 220 千伏线路故障录波系统 1 套。站内风机监控后台为湘电风能配套设备，变电站后台监控系统采用南瑞继保自动化有限公司的产品，可靠性高。

（4）继电保护与控制系统

风电场配置1套风功率预测系统，信息通过调度数据网传送至调度主站；配置1套电能质量在线监测装置、1套电能量采集装置，在本期风电场主变高压侧设置关口点，按主/副表配置，在L县220千伏变电站220千伏出线侧设置考核点；配置2套调度数据网接入设备，并根据电网二次系统安全防护要求配置了相应的加密设备；配置了风电场OMS管理系统子站、双细则考核管理系统子站、优化调度分站各1套。

5.1.2.5 土建工程

（1）土建工程

①工程等级及主要建筑物级别。YJC风电场一期工程总装机容量为49.5兆瓦（24台2兆瓦机组和1台1.5兆瓦机组），采用一机一变，共选用25台35千伏箱式变电站，机组发电机出口电压经箱变升压至35千伏，再经220千伏场内升压站升压至220千伏后接入系统。风机塔架基础安全等级设计级别为一级，建筑物结构安全等级为一级，按变电站电压等级划分工程等别为Ⅲ等，工程规模为中型，主要建筑物级别为二级。

箱式变压器地基基础设计等级为丙级，结构安全等级为2级。根据《风电场工程等级划分及设计安全标准》（试行）（FD 002—2007），升压站内建筑物、构筑物安全级为二级。主要建筑物、构筑物的抗震设防类别为丙类，次要建筑物、构筑物的抗震设防类别为丁类。

②地下水类型、深度及其对混凝土侵蚀性的评价。场地地下水水位埋深大于50米，基础设计时可不考虑地下水的影响。拟选场址地基土最大冻深为1.49米。

（2）土建工程各专业设计方案分析评价

①机组基础设计方案。YJC风电场一期工程采用24台单机容量为2000千瓦的机组和1台单机容量为1500千瓦的机组。根据风电场工程地质条件和机组荷载资料，本期工程风电机组塔架基础为钢筋混凝土独立基础，基本体形为圆形，埋深3.6米。机组基础在施工、安装、使用阶段均进行了沉降观测。场地表部岩土对混凝土结构具有硫酸盐中等腐蚀，对混

凝土结构中的钢筋具有氯化物中等腐蚀，需采取防护措施。处理方式是采用沥青玻璃丝对基础表面进行防腐。风电机组基础设计均满足《风电场机组地基基础设计规定》（试行）（FD003－2007）的各项要求。

②箱式变压器基础设计方案。风电机组与箱式变电站组合方式采用一机一变布置方案，即每台机组设一座箱式变电站。箱式变电站容量为2200千伏安或1600千伏安，根据地质条件和箱式变电站容量，确定箱式变电站基础为混凝土基础，基础体形为5米×2.655米×1.6米（长×宽×高），其中埋深2米，地上0.5米，箱式变电站均直接搁置在C20钢筋混凝土基础上，箱式变电站基础与电力电缆沟相连。

③集控中心设计方案。YJC风电场两期工程共用集控中心，集控中心布置在整个风场的中心。集控中心的主体建筑物包括综合楼、附属建筑物及220千伏户外升压变电所，总占地面积为18906.25平方米，总建筑面积约1579.82平方米。

④220千伏升压站设计方案。升压站电压等级为220千伏，采用户外敞开式布置。站内呈矩形布置，主要建（构）筑物有综合楼、汽车房、库房、综合泵房、备品备件库及检修间、主变压器、35千伏屋内配电装置室、220千伏户外升压变电所、无功补偿装置等。升压站的土建方案依据国家现行的有关规程规范及初设审批意见、甲方提供的资料、强制性标准及强制性条文进行设计，工程建成后整体运行正常。变电站的土建设计技术整体体现了适用性与经济性的统一，实现了预期的技术目标。

（3）综合评价

工程场地所在区域地貌单元属中山区，地势起伏，本区域地面标高为1850～2222米。该区自中更新世以来发震频率低、能级小，处于相对稳定的状态，场地内无活动断裂通过，风机点位处地层的地质条件较好，机组基础稳定性和应力均满足设计要求。风电场升压站按两期规模统一考虑设计，土建布局合理。设计内容符合有关规程规范的基本要求，主要工艺属国内成熟技术，方案相对合理，满足风电场建设要求。

值得后期工程建设借鉴的经验教训：

①风电场升压站场址区域基础开挖阶段，未能及时发现其复杂的地质构造，使得基础开挖的费用有所上升，在一定程度上影响了升压站的建设周期，无形中增加了建设成本，说明升压站场址的地质勘查工作有待进一步加强。

②升压场站周围未设置排水沟和护坡，后期应该进一步补充和完善。

③为保证电力送出通道畅通和项目进度，某风电有限公司垫资建设了一条34.5千米的送电线路，在保证本项目产生的电力送入市电网的同时，后期通过收取周边国电龙源项目的通道费取得了部分盈利，此种做法值得表扬。

5.1.2.6 环境影响

（1）环境保护及环境影响

风电场项目位于地广人稀的区域，周围2千米范围内没有居民。该风电场所在地土地利用类型主要包括耕地、未利用土地和林地。在施工过程中，建造了专用的施工运输道路，这些道路的建设未破坏原有地层结构，道路路面采用碎石铺设材料。道路施工过程中没有进行基础开挖，也没有使用沥青混凝土，工程量相对较小，且不会产生固体废物或沥青废料。

风电场建设过程中使用的施工材料除风机基础施工产生废渣外，其他材料均从风电场外部运输到施工现场，以确保施工取材对环境没有不良影响。YJC风电场的风机安装高度约为88米，而候鸟迁徙的飞行高度通常为150米，而且风力发电机组的间距是500~600米，足够鸟类穿越。YJC地区附近的其他风电场运行过程中未发生过鸟类撞击事件，因此YJC风电场不会干扰鸟类的飞行。

项目在施工和投产运行过程中，较认真地落实了环评报告的要求，未对当地环境和生态造成破坏。YJC风电场项目已通过当地环境保护局环保验收。

（2）水土保持

风电场项目中水土流失主要发生在工程建设期和自然恢复期。施工期间，风电机组基础开挖、安装场地平整等将扰动原地表、破坏地表形态，导致地表裸露和土层结构破坏，遇降雨或大风天气将产生水土流失；投产后，地表开挖、回填、平整等扰动活动基本结束，水土流失程度将大幅降低。

项目所采用的水土流失综合防治体系包括：风机和箱变基础施工过程中的临时防护措施和施工后期植被恢复措施；220 千伏升压站施工先期场地排水、表土剥离及其防护措施以及后期区内排水、绿化措施；集电线路施工迹地植被恢复措施；风机安装场地和临时施工区的前期预防保护措施与后期场地绿化措施等。目前植被基本恢复，水土保持较好。

（3）复垦

风电场在施工建设期由于基坑开挖、机械设备碾压、人员践踏以及道路建设等对风电场及周边地区的土壤产生扰动，破坏了草场植被，工程完工后项目单位对这些区域进行植被恢复。对施工机械碾压、人员践踏和土方临时堆放占压等造成草场破坏程度较轻的区域，依靠自然的修复能力对生态进行自然恢复。对工程建设中破坏程度严重的区域，如回填后的基坑表面、道路两侧、砂石料场、弃渣场、平整后的施工场地等，进行了人工造林种草绿化，以达到恢复植被和美化环境的目的。自然恢复和复垦后，草地条件目前已基本恢复，未对当地环境造成破坏。

5.1.2.7　全厂综合性能指标评价

（1）设计阶段

YJC 风电场设计阶段指标对比情况如表 5－6 所示。

表 5－6　YJC 风电场设计阶段主要指标对比

	轮毂高度（米）	风功率密度（瓦/平方米）	全场发电量（万千瓦·时）	利用小时（小时）	发电场用电率	综合场用电率（%）
YJC 风电场可研阶段方案（33 台 1.5 兆瓦机组）	70	388.7	11793.42	2383	—	4
YJC 风电场工程设计阶段（24 台 2 兆瓦机组、1 台 1.5 兆瓦机组）	80	400.5	11981.0	2396	—	4
2015 年山西平均	—	—	—	1636	—	—
国内最优		1000	12523.67	2530	—	—
国内平均		—	9429.67	1905	—	5

YJC 风电场占地面积约为33 平方千米，位于风能资源可利用区，风能资源开发潜力较高。可研阶段推荐的方案是33 台1.5 兆瓦机组，而工程设计阶段推荐的方案是24 台2 兆瓦机组和1 台1.5 兆瓦机组，机型发生了重大变更。

由表5－6 可知，全场发电量、利用小时等指标均远高于国内平均水平，利用小时的指标高于省域平均水平，反映出可研、设计技术指标严重偏高，根本不能反映工程风能资源的准确状况。

主要原因如下：

①风电场场址区域地形较复杂，可研前期没有在本风场范围内设立测风塔，而可研报告依据的0006#测风塔位于本风场北侧的山包上，与本风电场之间有山洪沟，从与本风电场的距离来看，根本不能很好地代表整个风电场的风资源状况。

②根据风电场工程的可研报告，风电场与气象站测风同期的逐小时风速相关性一般，且风向频率分布差别较大，因此，可研报告和微观选址报告中计算得到的发电量根本不能作为衡量风电场实际建成后发电量的标准。

③项目计算风资源使用的等高线地图是前期测量的数字化1∶2000 且仅有风机机位处的等高线地形图，且0006#测风塔并不在提供的数字化地形图范围内，因此现场微观选址会存在很大程度的不确定性。后来为了计算微观选址后的风机机位处发电量，又委托省电力勘查设计院测量专业提供了含风机与测风塔在内的1∶5000 数字化等高线地形图，但该等高线地形图精度一般，严重影响发电量和可利用小时数的结果精度。

正是上述原因导致可研报告和微观选址报告中计算所得各机位处的年上网电量与实际的发电量有严重出入。

（2）运营阶段

①发电量评价。YJC 风电场2013—2015 年年发电量统计情况如表5－7所示。

表5-7　YJC风电场2013—2015年年发电量统计情况

单位：万千瓦·时

2013年	2014年	2015年	可研方案（33台1.5兆瓦机组）	工程设计值（24台2兆瓦机组、1台1.5兆瓦机组）
6262.44	8486.52	8538.32	11793.42	11981.00

YJC风电场首台机组的并网时间是2013年3月10日，最后一台机组的并网时间是2013年6月17日，所以YJC风电场在2013年未全年投产，即2013年非完整运行年，本部分主要对2014年、2015年实际发电量指标与设计值进行对比，2014—2015年年平均上网发电量为8988.35万千瓦·时，低于可研阶段（33台1.5兆瓦机组）设计指标31.21%，低于工程设计阶段（24台2兆瓦机组、1台1.5兆瓦机组）指标33.29%，说明工程在发电量这一关键指标上并未达到设计阶段的要求，主要原因是设计阶段采用的参考测风塔不能代表整个风电场的实际水平。

YJC风电场发电量月度统计情况如表5-8所示。

表5-8　YJC风电场发电量月度统计情况　单位：万千瓦·时

工程名称	年份	月份						合计
YJC风电场	2013	1月	2月	3月	4月	5月	6月	6262.44
				128.52	552.62	688.10	506.24	
		7月	8月	9月	10月	11月	12月	
		446.14	307.58	484.96	542.36	1332.10	1303.82	
	2014	1月	2月	3月	4月	5月	6月	8486.52
		1027.74	346.64	772.66	499.94	1152.34	348.46	
		7月	8月	9月	10月	11月	12月	
		386.96	329.00	398.72	730.38	661.64	1832.04	
	2015	1月	2月	3月	4月	5月	6月	8538.32
		1092.98	749.42	1055.74	300.30	885.36	792.40	
		7月	8月	9月	10月	11月	12月	
		371.42	266.98	551.32	1006.32	329.42	1136.66	

由表5-8可以发现发电量月度变化规律，即每年7月、8月、9月属于小风月，大风月主要集中在1月、2月、3月、5月、10月、12月，6月

初风资源开始减小，这与可研阶段的结论基本一致。表明当地风资源分布规律为环境温度越低风资源越好，环境温度越高风资源越差。机组发电的有利时间段在冬、春季节，同其他区域对比，风资源季节变化明显。

YJC 风电场损失电量统计情况如表 5 -9 所示。

表 5 -9　YJC 风电场损失电量统计情况　　单位：万千瓦·时

YJC 风电场损失电量月份统计	2013 年	2014 年		2015 年	
	损失电量	设备因素	外部因素	设备因素	外部因素
1 月	—	46.45	18.00	16.46	2.10
2 月	—	61.56	51.16	19.54	473.26
3 月	12.05	43.44	8.00	56.83	17.51
4 月	144.37	44.11	18.10	11.05	698.86
5 月	137.04	316.29	0	10.01	0.00
6 月	89.36	64.62	0	34.39	0.00
7 月	19.41	43.50	0	18.81	0.00
8 月	47.54	38.84	0	1.99	5.06
9 月	29.91	43.53	0	28.78	35.62
10 月	47.11	80.54	0	10.08	7.81
11 月	68.70	80.52	186.20	166.52	3.40
12 月	49.13	136.35	37.00	6.85	42.53
年累计损失电量	644.61	999.75	318.46	381.31	1286.15

对风电场 2014 年全年度损失电量进行分析，主要原因是：1—5 月变频器故障频发（设备因素）；6—8 月对风机进行技术改造（设备因素）；9—12 月配合 L 县进行火电接入试验（外部因素）（见表 5 -9）。

对风电场 2015 年全年度损失电量进行分析，主要原因是：1—2 月受电网限制出力和国电龙源风电场送出电接入影响（外部因素）；4—5 月遭遇冻雨灾害事故（极端气候因素）；8—10 月更换变频器设备品牌（外部因素和设备因素）；11—12 月遭遇冰冻灾害和电网限制出力（极端气候因素）（见表 5 -9）。

表5－10　设备缺陷暨风机故障统计情况

年份	风机系统				
	变频器	变桨系统	偏航系统	其他原因	合计
2014	185	236	125	97	643
2015	74	64	27	10	175
累计	259	300	152	107	818

由表5－10的统计结果得出，风机故障缺陷主要为变频器、变桨系统、偏航系统故障，占总缺陷的88.83%。

风电场年度损失电量主要原因：首先是风机故障，占总损失电量比重排名第一；其次是外部因素（限电、涉网试验）影响，占总损失电量比重排名第二；最后是极端气候的影响。建议采取的措施主要有：

a. 减少风机大部件故障造成的损失电量。整机厂家为了降低风机大部件（变频器和变桨系统）成本，采购了未经风电场实际测试的变频器品牌，导致整个风电场设备故障频发，严重影响整机设备发电量和可利用小时数。虽然厂家对更换大部件造成的发电量损失进行了补偿，但后续应通过对事故原因的分析、调查、总结，避免此类事故再次发生。

b. 安排好后续定期检修工作，减少计划停机时间对发电量的影响。对前期施工工艺、天气等原因导致的电缆头被击穿事故进行重点排查，从而消除事故隐患，同时根据本地风资源情况，把检修工作安排在小风期或无风期，减少因检修工作造成的不必要损失。春检设备清扫工作提前进行，避开大风期，合理安排机组定期检修工作，提前规划，遇到大风顺延进行。

c. 积极与电网调度部门联系、交流沟通，建立良好的工作关系。从区域风电场的运行状况着手，结合远、中、近风资源和电网信息分析大环境的影响，加大市场营销的工作力度。

d. 提高风功率预测精确度，减少弃风限电。提高风功率预测精度是减少弃风限电的重要手段，主要方法：一是与设备厂家持续沟通，优化风功率预测系统精确度；二是持续优化、提高AGC平台的控制能力；三是加强对风电主机厂家的考核（含功率曲线和可利用小时数等），依据合同要求其持续对风电机组的性能进行优化。

e. 加强现场急需备品备件的储备和管理。通过对风电场故障维修资料的分析，掌握备品备件消耗的规律，缩短备品备件物流损耗时间，尤其是加大易损件的储备量。

②年发电利用小时数评价。YJC 风电场工程年发电利用小时数统计情况如表 5－11 所示。

表 5－11　YJC 风电场工程年发电利用小时数统计情况　　单位：小时

项目名称	2013 年	2014 年	2015 年	可研方案（33 台 1.5 兆瓦机组）	工程设计值（24 台 2 兆瓦机组、1 台 1.5 兆瓦机组）
YJC 风电场工程	1733	1714	1725	2383	2396

由于 2013 年为非完整运行年，同样采用 2014 年、2015 年两年的实际数据与设计值对比。风电场工程可研、设计年发电利用小时数分别为 2383 小时、2396 小时，2014—2015 年实际年发电利用小时数分别为 1714 小时、1725 小时，两年平均年等效利用小时数为 1720 小时，低于可研报告值 38.55%，低于工程设计值 39.30%，远未达到设计要求。

风电场机组可利用小时数与可研、设计指标差距明显的主要原因有：a. 测风塔距离风电场较远，根本不能代表整个风电场的实际风资源水平，继而导致整个风电场的发电量计算严重偏离实际值，估算偏差在 30% 左右；b. 风电场机组故障频繁，尤其是变频器故障，严重降低风机设备可利用率；c. 电网调度部门限电严重，风功率预测系统的准确性有待进一步提高；d. 极端气候条件导致的风电场发电量损失需进一步研究总结，并在后期采取预防措施。

③发电场用电率评价。表 5－12 为生产技术经济指标对比。

表 5－12　生产技术经济指标对比

项目	单位	设计值	集团公司给定目标值		实际完成值	
			2014 年	2015 年	2014 年	2015 年
发电场用电率	%	—	0.33	0.36	0.44	0.46

YJC 风电场 2014—2015 年运行指标显示，风电场全部机组投产以后各年发电场用电率均高于集团公司给定的目标值，经分析各年发电场用电率超标的主要原因有：a. 弃风限电降低发电量，发电场场用电量不变，会造成发电场用电率增加；b. 风机自耗电比例过高；c. 场区冬季时间长，为保证生产正常运行、保持设备在正常运行状态，风电机组需启动加热器，而升压站需启动大量的电热器。

在此提出风电场有效降低发电场用电率的措施：a. 在风电场的运行管理中，要加强设备用电和损耗情况的统计分析。b. 降低风机、箱变、35 千伏输电线路用电损耗，如冬季时盖好机舱吊装孔盖，保证机舱温度，降低加热器损耗；风机检修维护完毕后，人走灯灭；根据现场实际情况优化各项参数，缩短用电设备的工作时间和启停次数。c. 降低风电场用电损耗，如人走灯灭、减少大功率电热器等。

5.1.2.8　技术因素对项目持续性影响

本项目选用湘电风能 XE93－2000 型机组，该项目风电机组自投运以来，设备可靠性较高，可以满足长期稳定运行需要。各项性能指标高于设计值，技术水平较高。变频器故障为大部件故障，已全部更换，变频器故障率很低，目前风电场风机的变桨系统故障率较高，风机偏航系统故障率次之。建议与厂家沟通，找出故障频发的根本原因，确定优化改进方案；同时加强运行监控、运行分析、优化运行管理；加强对湘电厂家备品备件的管理，统一管理风机备品备件，以便及时补充备品备件，保证风机出现故障后能及时恢复正常运行。

5.1.2.9　技术综合评价

（1）前期资源评估与选址程序合理、结果可信

根据可研报告结果，以及对比分析情况，可研报告风资源评估部分按照《风电场风能资源评估方法》（GB/T 18710—2002）标准要求进行风资源评估工作。风资源评估方面，可研和微选均采用了 0006# 测风塔同期的测风数据，但从两份报告的 80 米风电场平均风速分布图来看，两次测风塔

的位置明显不一样，可研报告及测风数据中的测风塔的经纬度坐标与实际位置不一致，按照可研报告中的坐标（山坡），测风塔的位置与实际位置（山顶）海拔相差100多米，因此可研报告中的结果明显被高估。微选报告中，测风塔坐标调回实际位置，但是由于测风塔处海拔较高，且位于另一条山脊上，距离风电场位置较远，对整场的代表性不够好，所以机位点的风况可能会被高估。

（2）涉网装置配套齐全，提高电能质量保障能力

YJC风电场经1回220千伏出线接入L县220千伏变电站，线路配置2套纵联差动保护，均采用光纤通道传输；220千伏母线配置2套不同厂家的微机母差及失灵保护；站内配置1套220千伏故障录波系统、1套故障录波及信息子站系统，信息经由调度数据网专用线路上传至调度主站；L县220千伏变电站新配置1套220千伏线路故障录波系统。站内风机监控后台为湘电风能配套设备，变电站后台监控系统产品可靠性高。

（3）电气配置基本合理

本项目电气配置基本合理，项目委托中国能源建设山西电力勘测设计院进行工程接入系统设计，新建1台150MVA升压变压器，24台风机所发电力分三组汇集后，经3回35kV集电线路接入220kV升压站。其中，主线采用架空方式，各风机之间、线路穿越坡地以及线路两端风机、升压站至终端塔采用电缆，兼顾了经济性与可靠性。同时，存在需要改进的方面，主要包括以下几点。

第一，在测风塔位置方面，可研测风塔位置与实际不符，该风场属于复杂地形，0006#测风塔位于风电场范围外的另一条山脊上，距离风电场机位较远，不能较好地代表整个风电场的风资源，评估时会有较大的不确定性，可能是导致可研阶段与实际运行阶段风速差异较大的原因。

建议复杂地形风电场建设前期，根据地形地貌条件，合理布设测风塔，将测风塔安置在场区范围内，若为复杂地形风场，多布设一个测风塔，并记录测风塔的准确位置。

第二，本风电场属于山地风电场，电力勘测设计院应用的风资源评估

软件是 WT（基于计算流体动力学软件），对于复杂地形，尤其是坡度较大的山地风场，计算结论存在较大误差。

建议针对复杂地形风场，选用基于 CFD 原理的 WT 或 Windsim 等专业软件，以提高测算精度。

第三，目前风电场运行完整年的风资源数据均较可研阶段风资源估算值小很多，这对项目前期的经济性分析以及机型的选择影响较大，而机型的选择对运行阶段的发电量影响巨大。

建议后期项目对影响机组选型的关键参数（如湍流水平、极端风速、轮毂高度处风剪切指数、极端气候条件等）要深入分析复核，评估其准确性及对机组选型的影响，尽可能地提高机组与风资源的匹配性。

5.1.3　管理评价

5.1.3.1　前期管理

（1）合规合法性

YJC 风电场项目各项工作均按照国家和集团公司基本建设程序进行，项目前期工作报批手续基本完备，决策和实施过程符合国家相关规定。项目的立项、土地预审、环保审批及初步设计批复等手续基本齐备，履行了建设程序，得到省发展改革委的核准。本工程符合当前国家产业政策和国家土地使用政策，前期工作符合集团公司科学决策的要求，环保、文物、人文、土地、水利等部门的各项审批文件齐全。

（2）合理性

①场址条件。YJC 风电场项目坐落于山梁之上，工程场址的地面高度为 1850 ~ 2222 米。该区域内有交错的乡间公路，因此交通相对便利。此外，风电场场址区域不存在崩塌、滑坡、采空区和泥石流护区等不利地质现象。在该区域内，没有自然保护区或军事设施，地下也没有文物保护区；也不存在旅游区，与旅游发展规划无冲突。风机的布置没有侵占基本农田。

综上所述，该风电场区域拥有良好的风能资源，交通便利，是一个适合建设风力发电项目的地点。

②风能资源及建设条件。项目符合国家节能减排大力发展清洁能源的方针政策。风电场所在地区风能资源非常丰富，当地风能资源的开发不仅能节约其他一次能源，还能改善电网的组成和优化电源结构。风力发电具有良好的社会效益、经济效益和环境保护效益，国家和地方政府都具有很大的积极性，为风力发电场的建设积极创造条件，提供良好的政策支持。在地区大力发展风电等新能源项目是集团公司实现新的经济增长点的重要布局。该项目所在地地处国际二类风资源区域，经过测算，经济性好且具备较好的施工建设条件。

风能资源数据方面，选取所立测风塔自 2009 年 7 月 25 日至 2010 年 7 月24 日的测风数据作为风电场风能资源评估的实测年数据；通过对验证后的实测年数据进行分析处理得出，70 米、80 米高处年平均风速分别为 7. 88 米/秒和 7. 91 米/秒，年平均风功率密度分别为 388. 7 瓦/平方米和 400. 5 瓦/平方米，风能资源较为丰富，适合开发风力发电项目。

环境与水土保持方面，YJC 风电场附近地广人稀，周围 2 千米范围内没有居民，也不属于自然保护区。风电场所在地土地利用类型为耕地、未利用土地和林地。该建设项目符合国家法规和当地总体规划的环境及生态要求，符合国家产业政策发展方向，是绿色环保项目。基建工程以及后续生产中，项目单位也按照环评要求认真开展环境保护，经地方环保局验收通过。水保方面，由于本风电场工程施工规模小，施工期短，项目单位根据工程建设区地形地貌条件、施工方法、水土流失发生的区域和特点，制定了水土流失综合防治措施，且场内道路平整后将进行压实处理，故施工活动对水土流失的影响应很小，已经取得地方政府水保验收批复。

③接入系统。风电场一期项目风力发电机均采用一机一变的方式升压，风电机组的机舱外配置 1 台 690 伏/35 千伏箱式升压变压器。风机场坪区域内输电线路全部采用电缆线路，高低压电缆线路均采用直埋敷设方式，升压后采用架空线路集中输送至主变低压侧开关柜，再经 35 千伏/220 千伏升压变压器升压至 220 千伏后经 1 回 220 千伏线路接入 L 县 220 千伏

变电站。

④电力市场。项目所处地区为省电力负荷中心区域，除当地消纳外主要外送华北电网。作为华北电网的重要支撑地区，区域电力市场消纳范围广，基本不存在限电情况，适合新建机组。

《可再生能源法》的制定旨在“促进可再生能源的开发利用，增加能源供应，改善能源结构，保障能源安全，保护环境，实现经济社会的可持续发展”。国家将可再生能源的开发利用列为能源发展的优先领域，通过制定可再生能源开发利用总量目标和采取相应措施，推动可再生能源市场的建立和发展。

当地省“十二五”规划纲要明确提出把调整经济结构、转变经济增长方式作为突出主线。努力发展循环经济和清洁生产，加快建设节约型社会。加快推进全省循环经济和清洁生产，以提高资源利用率和减少污染排放为核心，以多联产、洁净化为方向。风电场的开发建设有助于以上目标的实现。

由此可见，YJC 风电场项目的建设不仅可以有效地开发当地的风资源、降低一次能源消费，而且可以逐步改善能源供应和电源结构，均衡电源布局，优化资源的合理配置，在一定程度上可以减少污染，提高资源利用率，为社会和经济的可持续发展提供保证。

（3）外部因素对项目持续性影响

极端天气条件影响项目发电能力。2015 年 4 月初，风电场遭遇极端恶劣天气，导致集电线路严重覆冰，部分杆塔严重受损，站用变坍塌，全站失电，集电线陆续跳闸。项目公司生产系统科学组织整个抢修送电过程，仅用 15 天全部完成了抢修任务，保证了风电场抢修工作完成后一次顺利启动成功。应对极端天气成为影响项目持续性的重要一环。

YJC 风电场项目符合国家政策法规，该地区风能源丰富，风机机型和微观选址基本合理，机组能够长期稳定运行，风电场具有较高的发电能力，经济效益显著。通过山西电力公司对北部地区网架建设，进一步增强了电力消纳与送出能力，避免风电场限电情况发生，提高企业的经济效益，企业生产经营内外部条件俱备，可以持续稳定经营。

（4）前期承诺评价

YJC风电场项目前期工作开展较早，当时集团公司尚未出台承诺管理制度，燕家村一期风电项目未出具前期相关承诺。

5.1.3.2 工程准备管理

（1）项目批复与组织建设情况

项目组织管理机构批复手续完备，项目规章制度完善，管理机构配备齐全。

（2）施工现场与技术准备情况

施工组织设计大纲编制完整，设计方案清晰，内容翔实。设计单位交付设计图纸及时，答疑明确干练，技术交底彻底完善，施工图纸交付进度能够满足现场连续3个月的施工要求。征租地工作准备充足，方法得当，“五通一平”工作顺利，风机吊装等主体工程具备连续施工条件。

（3）施工准备与开工审查检查表

表5-13为项目开工条件完成情况。

表5-13 项目开工条件完成情况

序号	开工条件	完成情况
1	设立项目法人（包括组织机构的批复及成立情况）	完成
2	批复项目可行性研究（初步设计）	完成
3	落实建设资金	完成
4	编制项目施工组织设计大纲并通过审查	完成
5	招标选定主设备及主体工程施工单位，签订施工承包合同	完成
6	招标选定监理单位	完成
7	落实施工设计图纸交付进度计划，施工图纸满足现场连续三个月施工要求	完成
8	征租地工作	完成
9	落实项目建设需要的主要设备和材料	完成

5.1.3.3 工程管理

（1）采购与合同管理

YJC风电场工程主要设备、材料的招标及合同签订情况，如表5-14、

表 5 - 15 所示。

表 5 - 14　YJC 风电场工程重大物资采购一览表　　单位：万元

序号	物资名称	采购方式	概算价格	采购合同价格	实际结算价格	备注
1	机组	公开招标	17683.5	17600	17723.345	为保证后期运维，追加一套专用工具
2	塔筒	公开招标	4196	4196	4104.6	
3	箱式变压器	公开招标	656.85	639	639	
4	升压变电设备（含主变压器）	公开招标	1793.52	1762.93	1762.93	两期分摊
5	通信和控制设备	公开招标	994.85	982	982	

表 5 - 15　YJC 风电场工程、服务采购一览表　　单位：万元

序号	服务名称	采购方式	概算价格	采购合同价格	实际结算价格
1	建筑工程合同	公开招标	6832	6111	6111
2	安装合同	公开招标	3177	3161	3161
3	勘察设计	公开招标	328	318	318
4	监理费	公开招标	251	247.22	247.22

物资采购除机组外其余单项购置费均在批复概算限额内。机组超标的主要原因是为了保证后期运维，YJC 风电场项目追加购买了一套专用工具。

合同采购均按照集团公司物资采购管理制度进行报批、采购，招投标管理流程符合集团公司的相关规定，物资采购制度、合同、招投标等方面的管理制度健全。在设备采购过程中，严格执行物资采购规定，在招投标方面，严格执行招标管理办法、招标监督管理办法，不存在未经集团批复进行采购的情况。

YJC 风电场工程设备物资采购计划合理，重要设备及物资的到场时间满足施工进度要求，但因为塔筒厂家的供货时间不能满足项目建设需要，在一定程度上拖延了项目建设工期，后期项目建设应该严格审核塔筒厂家的生产制造能力。

各项重要物资采购均按照集团公司的管理制度签订了经济合同及廉洁

合同，无重大合同纠纷，合同履约情况良好。

招标文件和合同细节的把控有待进一步增强，由于前期风机整机厂家采购的江苏大全变频器质量低下、故障频发，严重影响了全场风机的发电量和可利用小时数。应在招标文件中注明风机大部件（包括发电机、齿轮箱、变频器、主轴等）的业绩要求，从而避免风电场沦为主机厂商的“大部件试验”风电场。

（2）安全控制评价

YJC 风电场工程安全管理目标完成情况见表 5－16。

表 5－16　YJC 风电场工程安全管理目标完成情况

序号	指标内容	控制目标	实际指标	原因
1	建设期人身死亡	0	0	
2	建设期重伤人次	0	0	
3	建设期重大设备事故	0	0	

YJC 风电场一期施工过程中，各参建单位加强施工现场安全文明施工管理，施工现场的安全管理工作处于可控、受控状态，项目公司加大现场反习惯性违章的力度，增强员工的安全意识，针对施工中存在的问题，制定相应的安全技术措施，促进现场安全、文明施工管理工作，夯实安全基础，对施工及调试现场的安全实行动态管理，使现场安全做到了可控、在控。在机组调试期间，严格执行“两票三制”，制定下发了《试运期间工作票、操作票管理规定》，认真开展危险点分析，杜绝无票作业，确保人身和设备安全，从而确保了工程建设期间较好的安全稳定局面。

（3）质量控制评价

YJC 风电场工程主要施工单位均通过公开招标选定，招投标均按照招投标法律及集团公司相关招投标规定执行，主要施工单位均通过评标委员会评审后按候选名次选定，施工单位资质满足工程建设要求，履约能力良好。

YJC 风电场项目要求全体员工进驻现场，并由专业人员负责工程质量，坚持各种会议制度，监理单位同建设单位协商定期召开工地例会，利用例会总结工程中所发生的各种质量、精度和安全问题，提出整改方案及计划安排。此外，随时召开专题会议和工地现场协调会解决施工质量和安全问题，使工程质量和工期处于可控和在控状态。

土建和安装单位工程按照规定进行了验收，单位工程合格率为100%，土建单位工程优良率为95%，安装单位工程优良率为90%。分项工程质量合格率为100%，没有发生任何质量事故，并且做到了220千伏升压站、风机送电一次成功，工程建设实现达标投产，整套工程质量达到合格标准。风机基础钢筋绑扎、混凝土浇筑、地线安装、直埋电缆敷设等隐蔽工程验收情况良好。如表5-17所示。

表5-17 YJC风电场项目单位工程质量检验验收情况

序号	名称	应验收单位工程	已验收单位工程	合格率（%）	优良率（%）
1	土建单位工程	25	25	100	95
2	安装单位工程	29	29	100	90
3	分系统试运项目	—	—	100	95

（4）进度控制评价

表5-18为YJC风电场一期工程里程碑进度表。

表5-18 YJC风电场一期工程里程碑进度表

序号	工程	计划时间	完成时间	提前或落后时间
1	工程开工	—	—	
2	机组基础开挖	2012年4月1日	2012年4月1日	
3	机组基础第一罐混凝土浇筑	2012年5月4日	2012年6月3日	落后30天
4	风机基础浇筑完毕	2012年8月15日	2012年7月6日	提前40天
5	机组开始吊装	2012年9月14日	2012年9月6日	提前8天
6	全部风机吊装完毕	2013年3月24日	2013年3月22日	提前2天
7	变电站设备调试完成	2013年3月8日	2013年3月8日	
8	机组调试开始	2013年3月8日	2013年3月8日	
9	首批机组并网发电	2013年3月10日	2013年3月10日	
10	全部机组并网发电	2013年6月20日	2013年6月17日	提前3天

“经审核，YJC风电场满足大中型基本建设项目开工条件，同意项目

开工建设，项目建设工期8个月”，批复时间是2012年4月16日，考虑山西春季的施工条件，2012年4月开始施工符合建设条件要求。

由表5-18可知，YJC风电场除机组基础第一罐混凝土浇筑完成落后计划进度外，其他项目均符合集团批复的项目进度要求。

风电场工程建设过程中，进度控制制度完善，根据里程碑节点目标及时调整一级、二级施工进度网络计划，加强目标管理和网络化管理，实行有序可控制的动态化管理；进度管理组织机构健全，工程组建工程经理部，全面负责施工组织计划的协调与落实，成立以副经理分管负责的协调小组，坚持日例会制度，加强内部、外部以及与各专业施工队的协调工作，将影响工程进度的“瓶颈”问题逐一解决，将影响工程进度的不利因素逐一消除；调遣技术实力强、类似工程经验丰富、业绩突出的专业队负责承建，施工单位各项施工方案及措施均经过监理单位、设计单位及项目单位逐级审核，方案经审核通过后施工单位方可开始分项施工；逐级签订承包责任状，建立岗位责任制与考核奖罚制度。

总体来说，YJC风电场进度管理机构健全，进度管理制度完善，制定了行之有效的进度控制措施，工程进度符合集团批准的计划。

（5）工程监理评价

YJC风电场工程监理单位通过公开招标选定，监理单位具有电力工程监理甲级资质，监理单位组织机构健全，监理人员持证上岗，人员配置合理充足。

监理单位建设管理体系完善，按要求编制了监理大纲及保证现场施工质量、进度、安全等方面的管理措施。工程建设过程中，监理单位能有效履行监理委托合同中约定的各项工作内容，严格执行调度会、安全例会、专业技术会、重要工程验收会、重大方案审查会等例会管理制度，会议组织工作到位，会议纪要严谨、齐全。现场安全、质量管理制度及流程完善，监督工作到位，见证点跟踪、隐蔽工程验收、危险点及危险源管控均按照监理规范及监理大纲要求落实到位，工程质量验收资料齐全。监理通知单和整改通知单及时准确，各项工作能形成闭环管理。

但是，施工中部分报审资料填写简单，只填写“同意”，未对施工方案做出具体的评价。有隐蔽工程质量验收签证，但未见关于整个项目的隐蔽工程清单及验收项目。

（6）调试评价

根据设备的采购合同，设备调试工作由风机整机企业公司负责，风电场项目运营单位代表全程参与。湘电风能有限公司主营业务之一为大型风力发电机组的开发研制、生产及销售，是国内具有一定实力的风力发电机组整机制造商，设备资质齐全，现场安装调试队伍组织机构健全，人员配置及技术储备满足安装调试工作要求。

湘电风能有限公司制定的调试大纲和方案完善、合理，调试人员及专业配备满足调试要求，设备的安装调试工作及流程按供货设备安装及调试技术文件的规定进行，至少包括设定控制参数、安全链测试等10多项调试测试，安装调试合格后，立即进行功能性检验，包括偏航系统、发电机、液压系统、刹车系统、控制参数设定、紧急停机、超速试验、机舱振动试验等。完成安装调试之后，进行连续无故障运行240小时的预验收测试，预验收通过后签署该机组预验收证书，预验收证书签署是机组进入质保期的标志。

根据现场抽检的湘电风电机组档案材料，设备厂家基本上按照其给定的安装及调试技术文件规定，对风电机组进行了安装调试、功能性检验，并有相关的现场调试及功能性检验材料，也具有240小时无故障运行数据材料。YJC风电场一期工程机组240小时试运结果如表5－19所示。

表5－19　YJC风电场一期工程机组240小时试运检验标准及结果

序号	工程	达标标准	检验结果
1	控制系统	各种正常及极端情况下均能正常运行	符合
2	功率曲线	符合合同曲线	符合
3	电能质量	符合合同及相关标准	符合
3.1	总体数据	符合合同及相关标准	符合
3.1.1	叶轮直径	符合合同及相关标准	符合
3.1.2	轮毂高度	符合合同及相关标准	符合
3.1.3	叶片控制方式	符合合同及相关标准	符合

续表

序号	工程	达标标准	检验结果
3.1.4	转速控制	符合合同及相关标准	符合
3.1.5	发电机类型及额定功率	符合合同及相关标准	符合
3.1.6	变频器类型及额定功率	符合合同及相关标准	符合
3.1.7	机组最终鉴定	符合合同及相关标准	符合
3.2	参数	符合合同及相关标准	符合
3.2.1	有功功率	符合合同及相关标准	符合
3.2.2	切入风速和切出风速	符合合同及相关标准	符合
3.2.3	视在功率	符合合同及相关标准	符合
3.2.4	无功功率	符合合同及相关标准	符合
3.2.5	电流	符合合同及相关标准	符合
3.2.6	电压	符合合同及相关标准	符合
3.3	最大允许功率	符合合同及相关标准	符合
3.4	最大测量功率	符合合同及相关标准	符合
3.5	电压波动	符合合同及相关标准	符合
3.6	谐波	符合合同及相关标准	符合
4	噪声	符合合同及相关标准	符合

总体而言，YJC 风电场调试工作合法合规，较好地消除了运行投产隐患，为机组稳定运行打下良好基础，工程调试管理整体上是成功的。YJC 风电场一期工程投产时间为 2013 年 6 月 17 日，240 小时试运完成时间为 2013 年 8 月 2 日。

（7）竣工验收评价

YJC 风电场一期主体工程验收工作全部完成，其中工程竣工验收时间为 2013 年 8 月 2 日。

竣工验收阶段存在的主要问题有：

①安装、施工工艺不符合规范和要求。土建、机械和电气专业部分存在安装和工艺缺陷等。2015 年 4 月初和 11 月连续两次发生严重的铁塔、集电线覆冰事故，说明前期可研阶段调研不够充分。后期虽然通过提高受损的铁塔材质等级、加强雪后巡视等措施，避免了事故再次发生，但也造

成了发电量的损失，后期项目应该避免出现类似问题。

针对机械式风向仪和风向标易受极端天气影响的缺点，风电场将易受极端天气影响发生结冰现象的机械式风向标、风速仪更换为不受极端天气影响的超声波风向标、风速仪，提高了机组的可利用率，值得其他类似风电场借鉴。

②风场资料有待进一步整理、完善。竣工图齐全，但竣工验收资料不全。在新建风电场时，应依据竣工验收程序，认真完成验收工作，将验收资料及时存档，及时解决存在的问题，为以后的工程提供学习和借鉴的经验。

③YJC 风电场一期工程竣工决算尚未完成。风电场一期工程全部机组于2013年6月17日投产，2013年8月2日通过240小时竣工验收，但截至目前，工程尚未完成竣工决算编制工作，正在编制中，也没有经过集团公司审核。建议项目公司根据集团公司竣工决算要求及编制规程尽快完成YJC 风电场一期工程竣工决算并报集团公司审批。

（8）开工承诺评价

①YJC 风电场工程前期未签订正式承诺文件，前期承诺内容以开工报告批复中的承诺指标为准。

YJC 风电场工程前期承诺内容：项目建设容量为4.8万千瓦，安装24台单机容量2000千瓦的风力发电机组，建设工期为8个月（自2012年4月16日起），项目批复计划总投资为43686万元，设备利用小时数为2100小时，电价为0.61元/千瓦·时（含税），资本金内部收益率为16.94%。

②承诺实现情况对比分析。YJC 风电场一期工程前期承诺内容及完成情况如表5-20所示。

表5-20　YJC 风电场一期工程前期承诺内容及完成情况

工程名称	承诺内容	实现情况	差异	原因分析	评价结论
建设规模	48兆瓦	49.5兆瓦	增加1台1.5兆瓦实验机组	—	太重工免费提供1台1.5兆瓦实验机组，整机及备品备件均由太重工提供

续表

工程名称	承诺内容	实现情况	差异	原因分析	评价结论
装机	24 台 2000 千瓦风力发电机组	24 台湘电风能 XE93－2000 型机组和 1 台太重工 1.5 兆瓦机组	增加一台 1.5 兆瓦机组	—	项目分为直驱风机和双馈风机，且分属不同厂家。不利于维护、备品备件储备和生产管理，增加生产费用
建设工期	一期工程投产：2013 年 6 月 17 日	一期工程投产：2013 年 6 月 17 日	—	—	完成承诺目标
工程投资	一期工程总投资：40528 万元	一期工程总投资：38765 万元	一期工程总投资节余 1763 万元	工程量及单价变化、工期缩短、优化道路和送出设计	一期工程平均单位造价指标为 7831 元/千瓦，未超过集团风电工程基准标杆 8852 元/千瓦
机组利用小时数	一期工程：2100 小时	一期工程：1725 小时	远低于承诺平均利用小时数 375 小时	可研设计指标严重偏高	未完成承诺目标
电价	0.61 元/千瓦·时	0.62 元/千瓦·时	一致	—	完成承诺目标，送出线路多补贴 0.01 元
资本金内部收益率	一期工程：16.94%	一期工程：7.64%	低于承诺指标	机组故障率高，可利用小时数远低于设计值	未完成承诺目标

根据表 5－20 中的对照情况，YJC 风电场一期工程建设规模、装机、电价等指标与承诺内容一致，完成了承诺目标。但资本金内部收益率未能满足承诺指标，尤其是机组可利用小时数远未达到承诺指标。

综上所述，YJC 风电场一期工程前期承诺完成情况一般。

5.1.3.4　生产管理

(1) 生产准备评价

①机构组建情况。风电场建设之前新能源公司已有项目投产运行，人员储备充足。在建设过程中能够认真贯彻执行有关文件精神，在基建阶段组织成立了生产准备部门，在生产准备中完成了相应工作。生产准备部门相关人员参与了工程招标订货、审查设计、安装质检、设备试运、系统调试工作；试运前编制完成并下发了《管理制度汇编》；招聘人员、岗前培训、考试上岗等逐项工作满足设备系统试运和投产要求。

②技术、管理制度编制情况。YJC 风电场编制了各项生产技术标准，下发了生产管理制度汇编，审批程序规范，上述标准和制度基本保证了 YJC 风电场的正常生产运行。

③管理软件的应用。YJC 风电场管理系统软件覆盖安全生产全部过程。生产管理系统软件使用情况见表 5－21。

表 5－21　YJC 风电场生产管理系统软件使用情况

软件名称	应用时间	应用范围
风功率预测系统	2013 年	YJC 风电场一期
生产厂区视频监控系统	2013 年	YJC 风电场一期

④人员配置情况。YJC 风电场实行运维一体模式，运维人员总计 22 人，包括场长 1 名，值（班）长 2 名，主值班员 2 名，值班员 15 名，学习人员 2 名。

⑤生产准备人员到岗情况。生产准备人员到岗到位及时。机组单体试运前，生产人员随各期设备投产需要分批到岗，现场考试合格，全都取得相应岗位合格证书。从单体试运开始，运行人员就在调试人员的指导监护下完成全部操作，逐步掌握和提高确保机组投产后安全稳定运行的技能。风电场定员中火电厂转行人员众多，风电专业人员较贫乏，需要在实践中磨炼、钻研，才能达到专业水准，从而熟练掌握运行维护技术，提高风电安全生产管理水平。

在项目建设阶段，各级生产人员参与了设计、设备选型、设备招标、设备监造、设备安装、静态调试、动态调试、单机试运、整体试运等工作。但生产准备人员持续工作到生产运营阶段的较少，给风电场工作的连续性留下缺口。

（2）安全生产评价

①安全生产目标管理。YJC 风电场一期工程坚持“安全第一、预防为主、综合治理”的方针，机组投产后至今，各级人员、各项安全生产目标依据上级公司规定并结合自身实际制定，能够落实各项目标实现保证措施，无重特大事故、无设备事故、无人员死亡和重伤事故。运行期间安全目标及完成情况见表 5 – 22。

表 5 – 22　安全生产情况

评价年度	重特大事故	设备事故	设备一类障碍	设备二类障碍	死亡	重伤
安全目标	0	0	0	0	0	0
2013 年	0	0	0	0	0	0
2014 年	0	0	0	0	0	0
2015 年	0	0	0	0	0	0

②安全生产组织机构建立及运作情况。DT 新能源公司设立了由总经理担任主任的安全生产委员会，安全生产委员会办公室设在公司安生部；公司三级安全网组织健全，公司安生部设专职安监岗，风电场、班组安全员分别由场长和值（班）长兼任，负责各级安全生产管理和监督工作；公司成立消防委员会、应急领导小组，在风电场设立相应机构。

③制度保障评价。YJC 风电场安全管理制度健全（安全责任制、“两票三制”、重点反措、危险点源控制、应急管理、安全管理与监督三级网络、安全教育培训、异常事件分析等），已有的规章、制度符合国家法律法规以及上级单位颁布的规程和反措要求，安全管理制度符合生产实际。于 2015 年对现场规程制度进行补充、修订，审批程序规范，并汇编成册下发执行，保证了现场规程正确、完备且有效。

④安全责任制落实评价。公司制定了安全生产责任制，公司、风电

场、班组各级岗位职责和安全生产责任明确。风电场安全责任制得到基本落实，安全活动、安全分析、安全培训，演练演习有总结、有分析、有措施、有记录，有“两措”计划、有应急预案，发生的不安全事件按“四不放过”要求编写了报告。

⑤“两票三制”管理评价。“两票三制”制度符合要求规范，风电场标准票库健全、审批规范。交接班制度、设备定期切换试验制度执行较好，集控楼设备与变电站巡回检查情况良好，风电场机组巡回检查制度执行正常，但因机组分布广阔，巡回检查存在一定困难。针对填写、执行工作票过程中存在的不规范现象，通过监督检查、培训等方式，围绕员工在平时填写、执行工作票过程中存在的种种问题、习惯性违章表现形式，对事故案例进行深层次的讲解，进一步提高线路工作现场工作票的正确执行率，减少和杜绝不安全事件的发生，夯实安全管理基础。

⑥安全教育培训评价。2015 年初，组织风电场值班人员重新对新《中华人民共和国安全生产法》进行了学习和考试，提升了人员的安全生产法制意识，并将安全责任层层分解，公司与部门签订安全责任书，部门与员工签订安全承诺书及“四不伤害保证书”，使安全与每个员工的利益紧密结合，将安全责任落实到人。2015 年，组织安全技术教育培训 4 次，培训人数 61 人，规范了人员行为，提高了人员安全意识及水平。2015 年组织安规、运规考试 3 次，参加培训人员全部合格。

YJC 风电场制定了安全教育培训管理制度，每年制订年度培训计划，并根据年度培训计划，针对不同岗位人员，定期组织考试，加强过程监控，加大奖惩力度，调动生产人员学习的积极性。同时，通过安全生产大讲堂活动的持续开展，达到人人上讲台、人人讲安全的目的，配合考评和奖惩手段，促进生产人员安全意识和安全保障能力的提高。

⑦安全例行工作评价。安全生产委员会会议、安全生产分析会和安全监督网例会是公司部署安全生产重点工作、分析制定安全生产具体措施和实施安全生产有效监管的重要手段。

公司安全生产委员会会议每季度召开 1 次，于每季度第一个月 15 日前召开，参会人员为安全生产委员会全体成员。会议由安全生产委员会主任主持，汇报前一季度安全生产工作、安全生产趋势分析和安全生产管理的薄弱环节及教训，讨论研究预防对策，安全第一责任人、安全生产委员会主任部署安全生产重点工作。

公司安全分析会每月召开1次，于每月15日前召开，由公司安全第一责任人主持。公司领导、部门负责人、安全委员会成员、工程和生产专工以上人员参加会议，由安全生产部汇报上月安全生产情况、上月安全事件、重点工作完成情况，由总经理部署下月工作重点和目标要求。

公司安全监督网例会每月召开1次，于每月15日前召开，由公司安全生产管理部负责人主持。公司安全监督网例会参会人员为安全生产管理部全体人员、工程建设管理部负责人及分管副主任、基建工程各项目部和各风电场（站）安全员。会议总结分析公司上月会议纪要下发执行情况，深入排查安全生产隐患，点评违章事例，布置本月工作重点和保障措施。

YJC风电场安全分析会每月召开1次，于每月8日前召开，由风电场安全第一责任人主持。风电场安全分析会参会人员为风电场负责人、专工、班长。会议的主要内容有总结上月安全生产主要工作开展情况（“两票三制”、“三讲一落实”活动、重大危险源管理、安反措计划执行情况、反违章等安全生产工作完成情况），对发生的不安全事件进行分析并提出对策，部署当月安全生产重点工作。

⑧重大危险源管理。公司建立了重大危险源管理机构，并于每年2月至3月对风电场开展重大危险源评估，主要分为组织学习阶段、评估实施阶段、评估报告申报阶段、整改计划下发阶段，明确责任人、监督人，要求责任单位按计划整改，及时消除了设备隐患，有效防控了风险，保证了设备安全可靠运行。风电场负责危险源管理的具体工作，重大危险源登记、建档情况较好。

⑨ 应急预案管理。根据《生产安全事故应急演练指南》《中国DT集团公司安全生产危急事件管理工作规定》，公司对2014—2016年应急预案演练时间、方式进行了具体规定。各演练主办单位要严格按照《DT山西

新能源有限公司应急预案演练计划表》中规定的时间、内容和公司应急预案中规定的危急事件的预防、启动、应对，以及生产、生活维持或恢复方案进行应急预案演练。YJC 风电场依照要求制订了年度演练计划。应急演练每年不少于 6 次，演练方式可以选择桌面演练、功能演练、全面演练中的任何一种，但每年全面演练不少于 4 次，其中消防类、防全厂停电类、防汛类应急预案演练必须纳入其中。通过演练，增强员工对突发事件的处理能力，同时检验公司应急预案是否可行，总结、分析不足之处，对应急物资进行盘点，进一步完善应急物资储备。

⑩消防安全管理。公司制定了消防安全管理制度，风电场建立了消防设备台账，定期对消防设施进行检查，对不合格、过期的消防设备进行更换，配置的灭火器定期检查执行情况良好，风电场集控楼和变电站消防设施和器材的配置、重点防火部位标识、紧急疏散通道和疏散标志符合规范要求，消防设施、设备、器材编号布置图符合要求。

⑪安全专项验收评价。并网安全性评价已通过省电网验收，并获得了正式批文。

接下来给出意见及建议：

①设置独立安监机构。DT 新能源公司项目（包括在建）超过 20 万千瓦，未按集团公司《关于印发〈中国 DT 集团公司风电企业劳动定员标准（暂行）〉的通知》（DT 集团人〔2013〕414 号）规定设立专职安全机构，只设置了安全生产部，未设置独立的安全监督部门，不能从机制上正常发挥安全监督作用，有造成安全监管失控的风险。建议分别设置生产技术部和安全监察部，规避安全管理风险。

②人员取证问题。现场人员取证不全，存在安全管理风险。建议加大培训取证力度，确保按照集团公司要求现场人员 100% 取证。

③安全工器具检验问题。部分安全工器具未检验；部分安全帽超期未更换；个别灭火器未粘贴检验标签；存在标识警示牌丢失和掉色现象。建议结合定期工作逐步完善。

④文明生产问题。仓储管理不完善，文明生产不到位。厂区内废弃物

处置方式不合理。建议单独设置油品库，妥善处置废弃物。

⑤新装提升机安全监管问题。YJC 风电场新装的风机提升机属于涉及人身安全的特种设备，建议增加日常培训管理并在技术监控管理中增加专项检查。

（3）设备管理评价

①风电机组可利用率统计分析（见表 5-23、表 5-24）。

表 5-23 2013—2015 年可利用率指标统计

年份	风机可利用率（%）	备注
2013	91.98	2013 年 8 月 2 日通过 240 小时考核
2014	95.29	
2015	97.33	

表 5-24 2013—2015 年可利用率指标逐月统计 单位：%

年份	1月	2月	3月	4月	5月	6月	7月	8月	9月	10月	11月	12月	平均
2013	—	—	—	80.12	86.90	88.62	96.77	94.19	94.78	94.23	95.11	96.16	91.98
2014	95.49	88.58	94.91	96.71	93.90	94.05	96.14	96.51	97.59	97.48	96.11	95.69	95.29
2015	97.95	98.33	95.79	99.16	98.13	99.44	98.29	97.45	87.32	97.75	98.36	99.56	97.33

湘电风能有限公司风机变频器生产厂家为江苏大全，变频器故障频发，风机可利用率偏低，新能源公司于 2014 年 7 月 6 日至 8 月 27 日将 8 台江苏大全风机变频器更换为深圳禾望变频器，故障明显减少，可利用率有所提高。为确保风电场风机可利用率满足合同要求，增加发电量，新能源公司于 2015 年 8 月 26 日至 10 月 8 日将剩余 18 台风机变频器全部更换为深圳禾望变频器，更换后风机可利用率明显提高，符合设计值。

②检修管理。YJC 风电场设备检修维护管理制度、规程健全，修编及时，检修人员实行运检合一，将补充的外委协作人员编入班组管理，培训、持证上岗、绩效考核等制度健全并能够得到执行。

风电场设备管理制度健全，缺陷记录、消缺工作票等记录比较清晰，但存在计量表监督与验收资料不齐全、检修记录不够详细的情况。风电场检修管理制度健全，检修质量较高，缺陷返修率较低，但检修记录不规范，没有检修前准备工作记载、质量验收签名，质量评价多以检修后试运的技术性能和指标为依据。

③技术监控。YJC 风电场按照集团公司整体要求实施三级网络管理，并设置了专业负责人，开展技术监控工作。集团公司科学技术研究院西北分公司于2015 年6 月、12 月对公司所属 YJC 风电场进行了技术监督检查，发现专业技术人员尚未配齐，工作人员技术实力还较为薄弱。风电场于2015 年 11 月联系 DT 新能源试验所技术人员对工作人员进行了技术监督专题检查培训。这次培训采用检查和讲解相结合的方式进行，在查摆问题的同时，对风电场技术监督工作的内容和要求进行了讲解。通过检查、培训，使员工对技术监督工作有了进一步的认识，将技术监督与隐患排查工作相结合，以技术监督促进隐患排查工作的深入，以隐患排查推动技术监督工作的完善，使技术监督和隐患排查工作常态化、规范化，为提高技术监督管理水平打下了良好的基础，将进一步完善公司技术监督管理制度，健全技术监督管理体系，明确技术监督人员责任，有序推进并完善技术监督工作。

接下来给出意见及建议：

①批次更换变流器，增加系统稳定性。YJC 风电场一期项目自投产以后，由于江苏大全生产变频器的技术不成熟，存在绝缘栅双极晶体管（IGBT）过热、电抗冷却接头漏液、冷却压力不稳定等问题，在日常的维护检修中工作量大。通过设备缺陷和技术分析，风电场将 24 台变频器进行了更换，更换后风机系统较为稳定，电量提升明显，可利用率达到了集团公司的要求。建议在招标采购阶段，选取性能较好的关键设备。项目公司大力度协调值得推广。

②风电场专业人员技术力量薄弱。风电场专业人员技术力量普遍偏弱，不能发挥师带徒、传帮带培养人才作用。建议加强人员技术能力培训，提高人员职业技能。

③争取发挥集控中心作用。新能源公司初步建成风机状态监控中心，但还未发挥少人值守、集中控制的功能。建议进一步完善集控中心功能，

提升其管理作用。

④部分保护未投入或保护信号被屏蔽。例如，220 千伏驼燕线 A 套保护未与 GPS 对时；风电场未见 35 千伏保护定值清单；主变低压侧后备保护整定不合理，应该将过流 I 段 I 时限停运或重新核对延时；消防系统报警，存在信号屏蔽现象。建议结合集团公司反事故紧急行动，开展相关检查，消除安全隐患。

⑤缺乏技术监控专业人员。新能源公司虽然建立了三级网络，但场内技术监督项较少，深度不足，未能发挥技术监控保障全场设备可靠运行的作用。建议加强培训或配备专业技术人员。

5.1.3.5 CDM 评价

由于 YJC 风电场投产后国际 CDM 市场停滞，YJC 风电场一期项目未开展 CDM 业务。

5.1.3.6 管理因素对项目的持续性影响

YJC 风电场一期项目依托 DT 新能源公司，行政机构设置合理。人员配置合理；管理机构基本合理，人员素质相对较高。在日常生产管理中，各部门职责分工明确，人员配合到位，公司运作较为顺利，利于公司持续性发展。

在生产运维方面，在 DT 新能源公司统一领导下，YJC 风电场项目生产管理制度落实较好。公司推行的制度与保障机制较为完善，可以有效防止“过维修”“欠维修”，提高设备可靠性，降低故障发生率，减少设备维护检修费用。但其在安全管理机构和安全责任方面存在一定欠缺，建议进一步加强。

在安全生产管理机构方面，DT 新能源公司明确了公司、风电场、班组各级安全保证体系与安全监督体系的职责，但未按集团公司《关于印发〈中国 DT 集团公司风电企业劳动定员标准（暂行）〉的通知》规定设立专职安全机构，并配置专职安全管理人员。公司应将基建安全与生产安全统筹统管，在机制上发挥安全监督作用，有效监管安全风险。

总之，DT 新能源公司的管理制度、激励制度、绩效考核机制等都比较健全。为了充分发挥相关制度的作用，DT 新能源公司还应加大实施力度，保证制度落实到位、责任落实到人，充分发挥良好的企业文化和管理制度的作用，为企业的可持续发展提供坚实的群众基础和制度保障，确保 YJC 风电场项目可持续性较好。

5.1.3.7 管理综合评价

（1）管理中的机制创新与亮点

①批次更换变流器，增加了系统稳定性。风电场基建期内标配江苏大全变频器，投产后故障频发，严重影响发电量，经项目公司积极协调、努力，分批次更换为更稳定的深圳禾望变频器，更换后系统较为稳定，发电量提升明显。建议在招标采购阶段，选取性能较好的关键设备。项目公司大力度协调值得推广。

②二期扩建，增加规模效益。项目一期投入运营后，由于资源、设备选型等问题，发电小时数未达到设计值。项目公司积极拓展后续项目空间，二期扩建后，规模效益增加，项目整体盈利能力将有较大幅度的提升。建议集团公司继续大力支持项目扩建。

（2）管理中存在的问题

①未设立独立安全监察机构。DT 新能源公司项目（包括在建）超过 50 万千瓦，未按集团公司《关于印发〈中国 DT 集团公司风电企业劳动定员标准（暂行）〉的通知》规定设立专职安全机构，只设置了安全生产部，未设置独立的安全监督部门，不能从机制上正常发挥安全监督作用，有造成安全监管失控的风险。目前公司成立生产技术部和安全监察部的申请已获公司党委会批准，并已向上级单位申请成立相关机构，建议尽快设置生产技术部和安全监察部，规避安全管理风险。

②专业人员技术能力不足。风电场专业人员技术力量普遍偏弱，不能发挥师带徒、传帮带培养人才作用。建议结合集团公司 2016 年安全生产月活动安排，加强班组长人才培养，加强人员技术能力培训，提高专业人员职业技能。

③建设集控中心，实现少人值守。建设集控中心，提高工作效率。DT新能源公司项目包括多家风电、光伏电站，装机容量较大，分布较广，相互间距离较远。建议尽快建设区域集中控制中心，发挥少人值守、集中控制的功能，合理优化人员配置方案，提高工作效能。建议建立并完善集控中心职能，提升现场管理水平。

④技术监控体系作用未充分发挥。技术监控专业人员缺乏，虽然三级网络已建立，但场内技术监督项较少，深度不足，未能发挥技术监控保障全场设备可靠运行的作用。建议加强培训或配备专业技术人员。

⑤质保期内介入较少。建议项目公司充分发挥设备主人身份，全方位参与设备维护（如现场无定期油脂化验报告等）。

⑥后期项目机型不一，增加运维难度与费用支出。两种机型不利于备件储备，出质保后矛盾突出；同场设备厂家不一，增加运维难度。一期、二期项目共用送出线路，生产管理人员为同一批，但两期项目分别使用直驱风机和双馈风机，且分属不同厂家，不利于设备维护、备品备件储备和生产管理，增加生产费用。建议在后续项目开发中，集中区域内尽量选用同一厂家机型，提高备品备件通用性，降低备件储备费用，提高设备安全运行水平。

⑦易发生安全生产事故。升压站场址一边靠近山地缓坡，升压站围栏周围未设置排水沟和护坡，容易发生滑坡等安全生产事故；考虑此升压站有其他单位的接入线路，如果发生事故，将涉及赔偿等问题。

5.1.4 经济效益评价

5.1.4.1 工程投资评价

YJC 风电场一期（49.5 兆瓦）工程于 2013 年 6 月实现全部机组投产发电，基本实现建设各阶段投资控制总体目标。工程总结算动态投资单位造价为 7831 元/千瓦，送出线路动态投资 4571 万元，已与省电力公司签订了回购协议，暂由 DT 新能源公司垫资建设。因结算滞后，至 2016 年竣工财务决算尚未完成。

(1) 工程造价控制

①工程造价控制情况。核准投资：根据省发展和改革委员会于 2011 年 4 月 7 日回复的《关于 DT 新能源有限公司 YJC49.5 兆瓦风力发电项目核准的批复》（发改新能源发〔2011〕338 号），本项目安装 33 台 1.5 兆瓦的风机，总投资 45988 万元。

可研设计概算：根据山西省电力勘测设计院于 2010 年 8 月出版的《DT YJC 风电场工程可行性研究报告（审查修改版）》，本项目动态总投资 47652 万元（其中，建设期利息 922 万元），单位造价为 9627 元/千瓦。

执行概算：根据 DT 集团公司于 2012 年 11 月 20 日发布的《关于 DT 新能源 ZQL 一期、LYK 一期及 YJC 一期风电项目执行概算的批复》（DT 集团工〔2012〕842 号），批复执行概算动态总投资 40538 万元，单位造价为 8189 元/千瓦。

总结算：根据 DT 集团公司于 2015 年 3 月 17 日印发的《关于山西 YJC 风电场一期工程总结算的批复》（工价〔2015〕61 号），本项目审定总结算动态投资 38765 万元，单位造价为 7831 元/千瓦。

竣工决算：因结算争议等问题，工程竣工决算至今未完成。

②工程造价控制分析。表 5 - 25 为 YJC 风电场工程造价控制情况。

表 5 - 25　YJC 风电场工程造价控制情况　　单位：万元

序号	项目	可研概算	执行概算	总结算	执行概算减去可研概算	总结算减去执行概算	总结算减去可研概算
1	设备购置费	32183	25631	25540	-6552	-91	-6643
2	安装工程费	3455	3177	3161	-278	-16	-294
3	建筑工程费	6150	6832	6111	682	-721	-39
4	其他费用	4025	3485	2852	-540	-633	-1173
5	基本预备费	917	391	0	-526	-391	-917
	静态投资	46730	39516	37664	-7214	-1852	-9066
6	建设期利息	922	1023	1101	101	78	179
	动态投资	47652	40538	38765	-7114	-1773	-8887
7	送出工程						

续表

序号	项目	可研概算	执行概算	总结算	执行概算减去可研概算	总结算减去执行概算	总结算减去可研概算
	工程总投资	47652	40538	38765	-7114	-1773	-8887

a. 工程执行概算与可研概算对比分析。

工程总投资节约7114万元，降低比例为14.9%，其中：

设备购置费降低6552万元，降低比例为20%，主要变化原因是2010年可研设计33台1.5兆瓦的风机，2012年优化变更为24台2兆瓦风机+1台1.5兆瓦样机（样机不支付设备费），购买数量减少9台，使发电设备购置费降低7269万元；室外110千伏配电装置优化为220千伏GIS系统，再加上主变压器和无功补偿系统规格型号变化，导致升压变电设备购置费增加556万元；可研漏列排水系统项、接入系统配套设备项、站外通信项等其他设备购置费增加116万元。

安装工程费降低278万元，降低比例为8%，主要变化原因是集电线路安装中标单价下降等使风电场安装工程费下降830万元；主变、无功补偿等设备型号变化导致设备安装单价上升，升压站电缆、防火封堵工程量增加，使升压变电设备安装工程费增加135万元；站内接地设计优化增加离子列阵电解地极、可研漏列风机及箱变接地项和施工水源工程项等导致其他设备安装工程费增加369万元。

建筑工程费增加682万元，增加比例为11%，主要变化原因是土石方及钢筋中标单价上升、可研漏列地基处理项和风机内接地项等导致发电设备基础工程费增加545万元；可研漏列升压站内地基处理项等导致变配电工程费增加314万元；可研漏列后方办公基地项和无功补偿室项、辅助生产建筑中标单价上升等导致房屋建筑工程费增加548万元；进站道路长度由0.13千米增加到1.3千米、可研漏列大件运输道路整改项等导致交通工程增加265万元；站区周边护坡浆砌片石工程量和单价均大幅增加等导致其他工程费增加253万元；检修道路优化后工程量减少及中标单价降低、施工电源经设计优化后线路长度由23千米变为4千米等使施工辅助工程费下降1244万元。

其他费用降低540万元，降低比例为13%，主要变化原因是征地政策变化（永久征地增加、临时租地减少、总用地面积减少）及征地单价降低等使建设用地费减少159万元；按照集团公司执行概算编制规定计列使生产准备费降低230万元；招标价格下降使勘察设计费降低285万元。

建设期利息：增加101万元，主要原因是基准利率上调导致本项目借款利率上升。

小结：风机机型重大技术方案变更，加上核准与实施时间间隔过长，导致可研概算漏项多、工程量偏差大，指导性较差。

b. 工程总结算与执行概算对比分析。

工程总投资节约1773万元，降低比例为4.37%，其中：

设备购置费降低91万元，降低比例约0.4%，主要变化原因有塔筒（架）及基础环、法兰供货不及时合同考核罚款等使发电设备购置费降低69万元；配电装置部分设备合同价下降、未使用站用检修电源箱等使升压变电设备购置费降低31万元；监控系统部分设备合同价下降使通信和控制设备购置费降低12万元；项目外委托增加柴油发电机租赁及小店办公楼相关设备导致其他设备购置费增加21万元。

安装工程费降低16万元，降低比例约0.5%，主要变化原因有风机机组吊装由原山西电建施工调整为北京电建和山西电建共同施工，导致吊装费用增加、集电线路工程量减少等，发电设备安装工程费因此减少70万元；甲供材料费增加、主变压器系统零星委托等导致升压变电设备安装工程费增加47万元。

建筑工程费降低721万元，降低比例约11%，主要变化原因有风机基础C15混凝土地基换填、风机内接地、箱变预埋槽钢与钢筋、风机箱变基础土石方等工程量减少等，使发电设备基础工程费降低249万元，但因图纸设计问题、设备供应不到位、村民挡工等增加误工费用69万元；升压站内地基处理C15毛石换填变更为混凝土换填，使变配电工程费降低216万元；进站道路面层由混凝土面层变更为山皮石面层等，使交通工程费降低

117 万元；风机吊装平台场地平整工程量减少、未实施厂区给水工程等使施工辅助工程费减少 280 万元；环境保护与水土保持工程合同价下降、未实施站区金属围栏及未完工站区周边护坡浆砌片石预留减少，使其他工程费降低 113 万元；后方办公基地分摊费用增加导致房屋建筑工程费增加 253 万元。

其他费用降低 633 万元，降低比例为 18%，主要变化原因有项目公司及时筹措到土地补偿款，积极协调当地政府关系，由于地方经济欠发达补偿标准较低等，建设用地补偿费用减少 661 万元；联合试运费因调试时间长结算发电收入冲减基建成本使生产准备费降低 1016 万元；项目核准后间隔 1 年多才开始建设，建设周期长、职工人员多，建设单位管理费大幅增加，以及项目咨询评审增加，导致建设管理费增加 1025 万元。

建设期利息增加 78 万元，增加比例约 8%，主要变化原因是项目建设周期延长，导致借款利息资本化时间增加。

小结：积极协调当地政府和农户的关系、利用政策条件，本项目土地补偿款建设用地费较低；启动考核机制，塔筒（架）及基础环、法兰等设备供货不及时，合同考核罚款 91 万元；建设周期长、职工人员多，建设单位管理费偏高。

c. 工程总结算与可研概算对比分析。

工程总投资节约 8887 万元，降低比例约 18.65%，其中：

设备购置费降低 6643 万元，降低比例约 21%，主要变化原因是 2010 年可研设计 33 台 1.5 兆瓦的风机，2012 年优化变更为 24 台 2 兆瓦风机和 1 台 1.5 兆瓦样机（样机不支付设备费），购买数量减少 9 台，使发电设备购置费降低 7269 万元；室外 110 千伏配电装置优化为 220 千伏 GIS 系统，再加上主变压器和无功补偿系统规格型号变化，升压变电设备购置费增加 525 万元；可研远程自动控制及电力计量系统漏列部分设备，通信和控制设备购置费增加 34 万元；可研漏列接入系统配套设备项与站外通信、项目外委托增加柴油发电机租赁项与小店办公楼相关设备项等，其他设备购置费增加 137 万元。

安装工程费降低 294 万元，降低比例约 9%，主要变化原因是集电线路安装中标价格下降，发电场安装费减少 899 万元；主变压器、无功补偿等设备型号变化导致设备安装单价上升，升压站电缆、防火封堵工程量增加，升压变电设备安装费增加 182 万元；可研漏列远动系统部分设备及 ADSS 光缆工程量增加导致通信和控制设备安装费增加 59 万元；站内接地设计优化增加离子列阵电解地极、可研漏列风机及箱变接地项，其他设备及安装工程费增加 364 万元。

建筑工程费降低 39 万元，降低比例约 1%，主要变化原因是检修道路优化后工程量减少、中标单价降低，施工电源经设计优化后线路长度由 23 千米减少到 4 千米，场内辅助工程因此减少 1524 万元；可研漏列后方办公基地项和无功补偿室项、辅助生产建筑中标单价上升导致房屋建筑工程费增加 800 万元；土石方及钢筋中标单价上升、可研漏列地基处理项和风机内接地项等导致发电设备基础工程费增加 297 万元；进站道路长度由 0. 13 千米增加到 1. 3 千米、可研漏列大件运输道路整改项，导致交通工程费增加 149 万元；站区周边护坡浆砌片石工程量和单价均大幅增加，导致其他工程费增加 141 万元；可研漏列升压站内地基处理项，导致变配电工程费增加 98 万元。

其他费用降低 1173 万元，降低比例约 29%，主要原因包括试运发电收入增加、征地费用降低、管理费调增等。

d. 工程合同结算情况重点分析。

设备购置合同结算：本工程共签订设备合同 38 份，总金额为 25911 万元，结算总金额为 25820 万元，主要变化原因是塔筒供货不及时，合同考核罚款。

安装工程合同结算：本工程签订安装合同 11 份，总金额为 2491 万元，结算总金额为 3161 万元，主要变化原因有调减工程量减少 67 万元、甲供材料增加 691 万元、合同外委托增加 46 万元。

存在的问题：风机吊装施工单位能力不足，另外增加吊装单位，导致合同结算额偏高。

建筑工程合同结算：本工程共签订合同 6 份，总金额为 5683 万元，结算总金额为5919万元，主要变化原因有调减工程量减少173万元、合同外委托增加409万元。

存在的问题：升压站签证不规范且签证量大，导致施工单位申请仲裁解决结算纠纷；现场地勘土质情况与图纸不相符，风机基础、集电线路铁塔基础等招标时地质为风化岩，实际施工时出现了大量坚硬的灰色岩石，价格差异较大，增加结算困难，经协商重新组价，造成了合同费用增加。

特殊增减项目分析：自建送出线路总金额为4571万元，签订合同16份，结算总金额为4351万元。

小结：合同签订、工程变更、签证管理需要进一步规范。

e. 工程总结算与集团公司风电2014年标杆指标对比分析。

本工程总结算动态投资38765万元，单位造价7831元/千瓦，较集团公司风电2014年基准标杆（以下简称“标杆”）8831元/千瓦减少1000元/千瓦，降低比例约11%，其中：

设备购置费25540万元，单位造价为5160元/千瓦，比标杆5616元/千瓦减少456元/千瓦，降低8%；安装工程费3161万元，单位造价639元/千瓦，比标杆752元/千瓦减少113元/千瓦，降低15%；建筑工程费6111万元，单位造价1235元/千瓦，比标杆1447元/千瓦减少212元/千瓦，降低15%；其他费用2852万元，单位造价576元/千瓦，比标杆650元/千瓦减少74元/千瓦，降低11%；建设期利息1101万元，单位造价222元/千瓦，比标杆288元/千瓦减少66元/千瓦，降低23%。具体对比分析见表5-26。

表5-26　工程总结算与集团公司风电2014年标杆指标对比分析

序号	项目	集团公司2014年基准标杆		总结算		总结算减去基准标杆	
		造价指标（万元）	单位指标（元/千瓦）	造价指标（万元）	单位指标（元/千瓦）	造价指标（万元）	单位指标（元/千瓦）
一	设备购置费	27799	5616	25540	5160	-2259	-456
1	风电机组	19701	3980	17723	3580	-1978	-400
2	塔筒（架）	3861	780	4105	829	244	49

续表

序号	项目	集团公司 2014 年基准标杆		总结算		总结算减去基准标杆	
		造价指标（万元）	单位指标（元/千瓦）	造价指标（万元）	单位指标（元/千瓦）	造价指标（万元）	单位指标（元/千瓦）
3	机组变压器	644	130	639	129	-5	-1
4	主变压器系统	446	90	607	123	162	33
二	安装工程费	3722	752	3161	639	-561	-113
1	机组、塔筒及箱变安装	1322	267	759	153	-563	-114
2	集电电缆线路	668	135	273	55	-396	-80
3	集电架空线路	1183	239	1089	220	-94	-19
三	建筑工程费	7163	1447	6111	1235	-1052	-212
1	风机基础	2703	546	2017	407	-686	-139
2	进场道路	213	43	8.59	2	-204	-41
3	风电场道路	1683	340	954	193	-729	-147
4	施工辅助工程	109	22	394	80	285	58
四	其他费用	3218	650	2852	576	-366	-74
1	建设用地	1139	230	750	152	-388	-78
2	建设单位管理费	436	88	1568	317	1133	229
五	基本预备费	386	78		0	-386	-78
	静态投资	42288	8543	37664	7609	-4624	-934
六	建设期利息	1426	288	1101	222	-325	-66
	动态投资	43713	8831	38765	7831	-4949	-1000

小结：本工程投资除施工辅助工程与建设单位管理费外，工程建设投资控制目标完成较好。

（2）资金筹措

①建设资金筹措及使用情况。根据 DT 集团公司于 2012 年回复的《关于 YJC 风电场一期工程开工的批复》，本项目批复计划总投资 43686 万元（不含送出）。项目建设资金由资本金和项目融资两部分组成，其中资本金 8737 万元，占计划总投资的 20%，由公司独立出资，公司拨付；项目融资 34949 万元，占计划总投资的 80%。

截至2014年底，项目资金筹措到位36710万元，达到批复计划总投资的84%，其中资本金到位7510万元，项目融资到位29200万元，分别达到计划的86%和84%。

②资金筹措评价。本项目批复总结算工程总投资38765万元，按资本金比例20%，应筹措资本金7753万元，实际到位7510万元，资金缺口243万元；按项目融资比例80%，应融资31012万元，实际向中国银行借款13191万元、向建设银行借款16009万元，资金缺口1812万元。项目资金总缺口2055万元，由工程质保金及未完工程款统筹解决。但委外送出工程4571万元，因与省电力公司签订了回购协议，集团公司未批复投资和资金计划，暂由DT新能源公司垫资建设，至今因无建设资金来源，未启动回购工作，项目整体建设资金紧缺。

（3）经验、教训及建议

①经验。

a. 土地费用管控效果较为显著。地方经济发展水平偏低，项目公司因地制宜，及时筹措到土地补偿款，积极协调与当地政府关系，合理控制征地补偿费用，建设用地费比集团2014年标杆低388万元。

b. 工程投资总体目标完成较好。本工程总结算动态投资单位造价为7831元/千瓦，较集团2014年标杆8831元/千瓦减少1000元/千瓦，降低比例约11%。

②教训。

a. 合同管理需要进一步加强。升压站现场签证比较混乱，且现场签证量大，相关资料管理不规范，导致施工单位申请仲裁解决结算纠纷，工程结算工作滞后1年。

b. 加大施工组织协调力度。农民阻工、图纸设计不及时、设备供应滞后等导致产生误工费约69万元。

c. 重大方案变更未履行审批程序。风机机型重大技术方案变更，且核准与实施时间间隔过长，可研概算未经修编就用来指导招标，漏项多，工程量偏差大，指导性差。

d. 工程施工管理规范性有待加强。本工程标段划分过多，虽然可能有利于保证工期，但施工交叉多、管理面广，易于产生重复结算，不利于造价管控。

e. 法律、制度落实不到位。施工过程中，未经原承包商书面同意，将风机到箱变电缆敷设和风机防火封堵包含在风机吊装合同内容中，另行委托施工，存在合同纠纷风险。

f. 设计深度不足，现场地勘土质情况与施工图纸不相符，风机基础、集电线路铁塔基础等招标时地质为风化岩，实际施工时出现了大量坚硬的灰色岩石，价格差异较大，增加结算难度，经协商重新组价，造成了合同费用增加。

g. 工程物资管理制度需完善。实施甲供设备、材料出入库管理制度，无领用量统计记录，无法与结算工程量对比核销，易于导致甲供材料不合理使用。

h. 集团公司相关制度要求落实有待加强。项目未对前期费用进行审计，于 2013 年 6 月投产，而总结算 2015 年 3 月 17 日才获得集团批复，截至后评价时间点未完成竣工决算编制和上报，不符合集团造价管理规定。

i. 加强项目前期工作管理，控制投资风险。项目于 2010 年 5 月 20 日通过山西省发展改革委核准，而 2011 年 3 月 28 日接入系统才获得山西省电力公司批复，2012 年 4 月 7 日获得集团公司开工批复，2013 年 6 月 17 日投产，建设周期偏长，导致建设单位管理费比集团公司 2014 年标杆高 1133 万元。

③造价管理工作建议。

a. 注重合同计划管理。结合工程实际特点，以合同管理为主线，制订计划、采购、合同统计、变更及签证处理、结算、支付等方面的制度和管理程序，强化内部计划管理，编制资金使用计划指导采购和合同管理，并明确相关人员权责分工，提高现场管理人员造价管理能力，保证造价管控过程有效。

b. 加强施工过程造价控制。严格审核现场签证，坚持从实际出发，经过建设单位、监理单位、施工单位的一致认可，保证现场签证的科学性、严谨性和程序性，并将签证等资料及时归档，以便后续工程结算。

c. 建立项目全生命周期效益管理理念。增强全员参与意识，强化项目公司的建设主动性，积极推进优化设计，及时沟通把控工程进度，加强图纸审查，并做好工程风险预测，制定有效控制风险的具体措施和办法。

d. 遵守工程建设规律，根据施工专业特点开展工作。施工时根据项目实际特点合理划分标段，明确招标文件中的重要条款，并根据设计院提供的初设图纸及清单编制规则等资料制定工程量清单，通过和同类工程比较，分析各种材料用量，汇算各相应部位的造价，验证设计的合理性。

e. 加强招标工作管理。招标阶段，根据项目情况适当延长评标时间，有利于业主选择适合的供货单位或施工单位，并进行低价中标专题研究，探索适合集团公司的合理低价中标评标方案。

5.1.4.2 经济效益评价

（1）主要经济指标

本工程于2013年6月投产发电，未完成竣工决算编制。根据批复的总结算，工程动态投资38765万元，自建送出线路（未计入总结算），预计动态投资4571万元，因此本项目动态总投资43336万元，预计可抵扣增值税3812万元，暂估可形成固定资产原值39524万元。

公司财务报告显示，本工程于2013年10月正式转生产，截至2015年底，累计完成发电量20947万千瓦·时，累计结算上网电量20503万千瓦·时，含税上网电价为0.62元/千瓦·时（含线路补贴0.01元/千瓦·时），累计售电收入11217万元，累计实现利润总额1134万元，主要经营指标如表5-27所示。

表5-27 基础数据对比

序号	项目	单位	可研数据	后评价		
				2013年10—12月	2014年	2015年
1	工程总投资	万元	47652	43336		
2	CDM收益	万元	0	0	0	0

续表

序号	项目	单位	可研数据	后评价		
				2013 年 10—12 月	2014 年	2015 年
3	综合厂用电率	%	2.5	2.62	3.10	2.46
4	电价（含税）	元/千瓦·时	0.61	0.62	0.62	0.62
5	上网发电利用小时	小时	2382.5	777	1672	1693
6	水费	元/兆瓦·时	0	0	0	0
7	材料费	万元	25	0	44	5
8	修理费	万元	619	0	110	269
9	基准收益率	%	8	8	8	8
10	折旧年限	年	15	20	20	20
11	残值率	%	5	5	5	5
12	薪酬	万元	88	88	229	265
13	福利费率	%	14	31	87	84
14	定员	人	15	70	39	37
15	增值税率	%	17	17	17	17
16	所得税率	%	25	0	0	0
17	公积金	%	10	12	12	12

（2）成本、费用分析

根据该风电有限公司 2013—2015 年度审计报告，各年主营成本分别为 573 万元、2725 万元、2804 万元，具体如表 5－28 所示。

表 5－28　YJC 风电场一期生产成本及财务费用　　单位：万元

项目	2013 年 10—12 月	2014 年	2015 年	可研预测值（第 3 年）
购电费	21	28	30	0
材料费	0	44	5	25
工资及福利费	116	428	487	88
折旧费	312	1836	1734	2671
修理费	0	109	269	619
其他费用	124	280	279	153

续表

项目	2013 年 10—12 月	2014 年	2015 年	可研预测值（第 3 年）
环保费	0	0	0	0
主营成本	573	2725	2804	3555
发电单位成本（元/千瓦·时）	0.149	0.329	0.335	0.301
财务费用	360	1865	1683	2121
上网发电量（万千瓦·时）	3847	8276	8380	11793
主营业务收入	2006	4400	4812	6149
CDM 收益	0	0	0	0
利润总额	1072	-190	109	1518

注：2015 年主营业务收入中含国电过网租金收入 351 万元，利润总额中已扣除未计入主营成本中的过网租赁业务承担的送出线路维修费 72 万元、国网双细则考核罚款 143 万元。

以 2015 年生产成本及发电单位成本为评价值，主营成本为 2804 万元，比可研预测值 3555 万元降低 751 万元，降低比例约 21%，主要原因是工程造价降低使得折旧费减少；发电单位成本为 0.335 元/千瓦·时，比可研预测值 0.301 元/千瓦·时高出 0.034 元/千瓦·时，高出比例约 11.3%，主要原因是生产成本中较大部分为固定成本，上网电量不足，低于可研预期，导致单位成本分摊较高。

从成本费用性质来看，本项目总成本费用为 4488 万元，其中，变动成本 30 万元，占总成本费用的 0.7%；固定成本 4458 万元，占总成本费用的 99.3%。从成本费用结构来看，主要成本费用为折旧费和财务费用，分别占总成本费用的 38.6% 和 37.5%，如图 5-6 所示。

经营成本包括购电费、材料费、工资及福利费、修理费、其他费用，2015 年经营成本为 1070 万元，比可研预测值 884 万元高出 186 万元，高出比例约 21%，主要原因是：①定员与薪酬标准均有较大幅度提高，导致工资及福利费比可研预测高出 399 万元，可研定员 15 人、工资标准 4 万元/人·年，2015 年实际年均在职员工 37 人、年人均工资 7.2 万元；②技术监督服务费支出较大（约 174 万元），导致其他费用比可研预测高出 126 万元。

2015 年维修费扣除不经常费用检修道路修复费 45 万元、送出线路隐

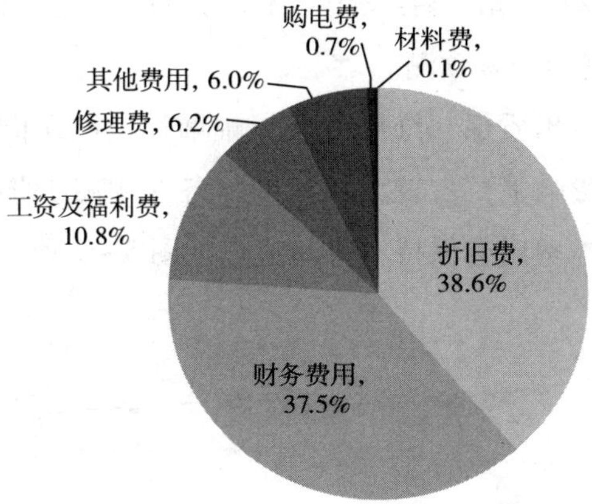

图5－6 YJC风电场总成本费用构成

患排查消缺工程费16万元、集电线路冻雨倒搭保险未赔付损失66万元后，修正费用水平为142万元。后续经营年修理费按保质期内为2015年修正水平142万元，质保期后第一年在2015年修正水平基础上修理提存率取0.5%，以后每五年提存率增加0.5%预测；年购电费按30万元预测、年材料费按集团公司标准5元/千瓦预测、年工资及福利费按487万元预测、年其他费用按280万元预测。

折旧费约占总成本费用的38.6%，2015年折旧费为1734万元，比可研预测值2671万元降低937万元，降低比例约35%，主要变化原因是：①工程造价降低转固原值减少，按可研工程总投资47652万元，工程总结算总投资43336万元，比可研降低4316万元；②因折旧年限加长年折旧率降低，按可研折旧期限15年、残值率5%计算，年折旧率为6.33%，而实际按照集团标准折旧期限20年、残值率5%计算，年折旧率约4.75%，比可研低1.58%。后续经营年折旧费以集团标准，按剩余年限直线折旧预测。

财务费用约占总成本费用的37.5%，2015年财务费用为1683万元，比可研预测值2121万元降低438万元，降低比例约21%，主要变化原因是工程造价降低导致借款减少，可研借款估算借款额为38157万元、第3年初余额为35613万元（当年计息借款额），而实际借款额为29200万元、2015年初借款余额为27591万元，借款额比可研降低8957万元，当年计息借款额比可研降低 8022 万元。后续经营财务按 2015 年长期借款年末余额 25961 万元、借款利率 4.9% 预测。

综上所述，随着风机出质保，维修费会大幅增加，但在借款余额减少及市场利率走低的双重影响下，占较大比例的财务费用减少将会拉低总成本费用，预计未来总成本费用会保持下降趋势，如图 5－7 所示。

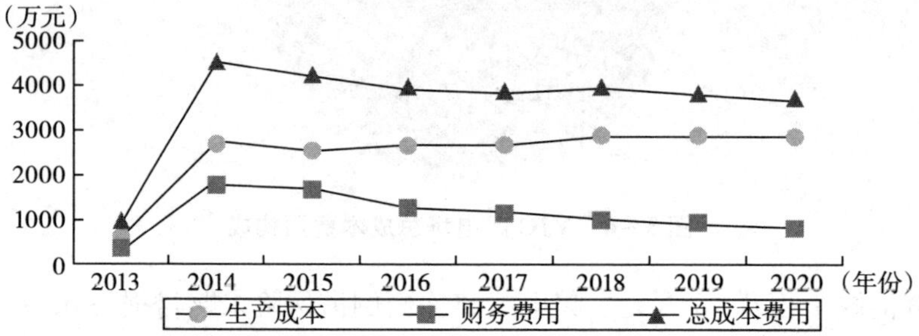

图 5－7　YJC 风电场成本费用走势

注：2016—2020 年数据为预测数据。

（3）财务盈利能力分析

后续经营按上网发电 1700 小时、上网电价 0.62 元/千瓦·时来预测收入，结合上述成本费用数据，估算未来项目计算期内的效益情况，并计算相关财务指标，如表 5－29 所示。

表 5－29　财务效益分析

分析内容	报表名称	评估指标名称	后评价			可研预测值
			2013 年 10—12 月	2014 年	2015 年（评价年）	
盈利能力分析	项目投资现金流量表	投资回收期（年）	12.67			9.98
		财务内部收益率（税后）（%）	5.89			8.90
		财务净现值（税后）（万元）	2795			12727
	项目资本金现金流量表	财务内部收益率（税后）（%）	7.64			17.81
		财务净现值（税后）/万元	3390			9620
	损益表	资金利润率（%）	2.47	－0.44	0.58	3.19
		资金利税率（%）	2.47	－0.44	0.58	3.19
		资本金利润率（%）	12.37	－2.19	2.91	15.93

续表

分析内容	报表名称	评估指标名称	后评价			可研预测值
			2013 年 10—12 月	2014 年	2015 年（评价年）	
偿债能力分析	资金来源与运用表	利息备付率（%）	397.78	89.81	114.97	171.58
	资产负债表	资产负债率（%）	79.77	78.92	77.14	72.81
		流动比率（%）	38.49	62.43	30.18	—
		速动比率（%）	38.49	62.43	30.18	—

注：流动比率和速动比率是根据公司财务报表直接计算出来的。

①2013—2015 年静态盈利能力分析。

本项目自 2013 年 10 月转生产，至 2015 年各年利润总额分别为 1072 万元、－190 万元、109 万元。从经营业绩看，2013 年 10 月转生产，为不完整年份，不能反映全年盈利水平；2014 年受变频器故障率高的影响，风机设备可利用率偏低，风电场发电量不足，全年亏损 190 万元；2015 年完成变频器的全部免费更换，风机可利用率水平有所提高，全年发电业务营业利润－27 万元，亏损有所降低，又因国电风电项目租赁本项目送出线路获得过网净收益 279 万元、国网双细则考核罚款 143 万元，实现利润总额 109 万元。

②动态盈利能力分析。

YJC 风电场项目投资回收期为 12.67 年，项目投资内部收益率（税后）为 5.89%，项目投资财务净现值（税后）为 2795 万元，项目资本金财务内部收益率（税后）为 7.64%，财务净现值（税后）为 3390 万元。项目投资内部收益率高于可研基准收益率 5%，低于可研预测值 8.90%，项目具有一定盈利能力，但不及预期。

③偿债能力分析。

YJC 风电工程因存在一定量的应付账款，且送出工程已与省电力公司签订回购协议，暂由新能源公司垫资建设，各年经营流动比率和速动比率均小于 1，资金流动性压力较大，短期偿债能力不足。在风险可控的情况下，采用无息贷款方式可以有效减少资金占用和利息支出，建议项目公司保有适量的短期授信额度，控制短期偿债风险。资产负债率保持在 80% 以下，且呈稳定下降趋势，项目的长期偿债风险可控。

④盈亏平衡分析。

盈亏平衡分析如图 5－8 所示。

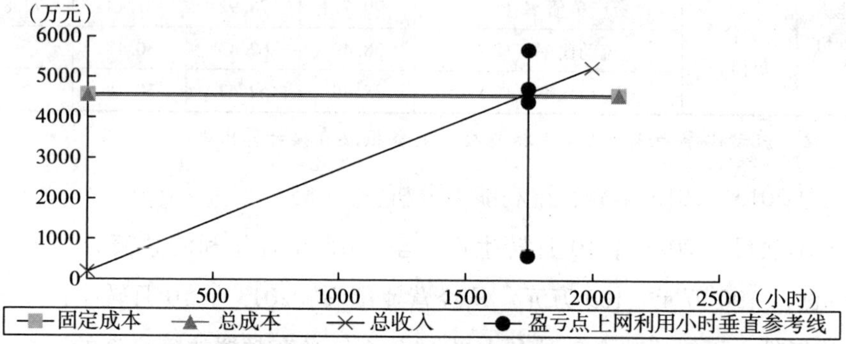

图 5－8　盈亏平衡分析示意图

所得税税前以上网利用小时数表示的盈亏平衡点（BEP）为

$$BEP = \frac{\text{年固定总成本}}{\text{上网电价} - \text{单位变动成本} - \text{单位附加税}} \div \text{装机容量}$$

以评价年（2015 年）生产成本及财务费用为基准，计算出 YJC 风电场工程发电业务盈亏平衡点利用小时数为 1741 小时，2015 年项目上网利用小时数为 1693 小时，达到盈亏平衡点的 97%，随着风机设备可利用率水平提升，尽管受区域限电影响，项目发电业务较大可能实现盈利。

（4）敏感性分析

以机组利用小时数、上网电价、贷款利率为不确定性因素进行单因素敏感性分析，分析其在－10%～10%变化范围内对资本金内部收益率的影响程度，详见表 5－30。

表5-30　敏感性分析

序号	敏感性因素	变化率（%）	项目投资内部收益率（%）	敏感系数	项目资本金内部收益率（%）	敏感系数
1	基本方案	0	5.89		7.64	
2	利用小时数	-10	4.79	1.87	4.97	3.49
		-5	5.35	1.83	6.32	3.46
		5	6.41	1.77	8.93	3.38
		10	6.91	1.73	10.19	3.34
3	上网电价	-10	4.78	1.88	4.95	3.52
		-5	5.35	1.83	6.31	3.48
		5	6.41	1.77	8.94	3.40
		10	6.92	1.75	10.21	3.36
4	贷款利率	-10	5.89	0	7.99	-0.46
		-5	5.89	0	7.82	-0.47
		5	5.89	0	7.47	-0.45
		10	5.89	0	7.30	-0.45

①在其他条件不变情况下，若机组利用小时数变动-10%～10%，则项目资本金内部收益率变化范围为4.97%～10.19%，说明机组利用小时数对项目资本金内部收益率有正向影响，提高机组利用小时数可以提高项目盈利能力。

②在其他条件不变情况下，若上网电价变动-10%～10%，则项目资本金内部收益率变化范围为4.95%～10.21%，说明上网电价对项目资本金内部收益率有正向影响，提高上网电价可以提高项目盈利能力。

③在其他条件不变情况下，若贷款利率变动-10%～10%，则项目资本金内部收益率变化范围为7.99%～7.30%，说明贷款利率对资本金内部收益率有负向影响，降低贷款利率可以提高项目盈利能力。

综上所述，项目资本金内部收益率对上网电价最为敏感，其次为机组利用小时数、贷款利率；当机组利用小时数和上网电价单因素下降10%时，项目资本金内部收益率均低于可研基准收益率5%，缺乏风险承受能力；建议项目公司密切关注电力体制改革，加强电价管理和电力营销，积极争抢发电量，提高项目盈利能力。

5.1.4.3 经济效益对项目的持续性影响

随着我国经济进入新常态，电力需求进入低速增长阶段，但发电装机容量仍继续保持较快增长，电力产能过剩日益严重，市场竞争日趋激烈。风能属于清洁能源，在节约资源和保护环境的社会发展要求下，产业政策大力支持风电并网消纳，但由于市场需求不足、电力体制改革仍未明晰、电网配套设施不完善等，弃风限电问题仍普遍存在。项目所在省 2014 年风电平均利用小时数为 1853 小时，弃风率为 0；2015 年风电平均利用小时数为 1697 小时，弃风率为 2%，弃风限电形势日益严峻。

2015 年变频器全部更换完成，风机设备可利用率明显提高，但风机还处于质保期内，依靠风机厂商的技术力量运维，一旦超出质保期，项目公司是否具备足够的技术能力和资源保证风机设备的可利用率还无法确定，存在一定的风险。

项目贷款利息随基准利率调整，自 2011 年 7 月以来，贷款基准利率一直处于平稳下降趋势，短期内大幅上涨的可能性较小；且随着贷款的偿还，借款余额减少，利率对本项目的影响程度逐年下降，因此利率风险可控。

从短期来看，本项目发电业务受弃风限电等因素的影响处于微弱亏损状态，亏损程度可能随着限电加深进一步加大；但从长期来看，随着产业结构的调整及宏观经济的增长，市场需求增长，限电情况将逐步缓解，再加上偿债压力逐年减轻，若能保持风机设备可利用率水平（尤其是风机出质保后），预计项目财务盈利能力将有所增强，具有一定的可持续能力。

5.1.4.4 经济综合评价

①基本实现投资控制的总体目标。工程可研设计概算动态总投资为 47652 万元，批复执行概算动态总投资为 40538 万元，批复的总结算审定动态投资为 38765 万元，工程造价控制效果较好。

②成本费用控制完成可研设计目标。本项目 2015 年主营成本为 2804

万元、财务费用为1683万元，分别比可研预测值减少751万元、438万元，生产成本及财务费用控制效果较好。

③增强市场竞争意识，积极争取上网电量。当机组利用小时数和上网电价单因素下降10%时，项目资本金内部收益率均低于可研基准收益率5%，缺乏风险承受能力，主要风险为弃风限电和风机设备可用率降低。建议项目公司一方面密切关注电力体制改革，加强电力营销，积极争抢发电量；另一方面加强自身技术队伍的培养，保证风机可利用率，提高项目盈利能力。

④项目具有一定的盈利可持续性。短期内，本项目可能受弃风限电日趋严峻的影响处于微弱亏损状态；但从长期来看，产业结构调整及市场需求增长必然会逐步缓解限电压力，再加上偿债压力逐年减轻，若保持风机设备可利用率水平（尤其是风机出质保后），预计项目财务盈利能力将有所增强，具有一定的可持续能力。

5.2 DTLZ风电项目后评价

5.2.1 项目概况

LZ风电场位于山东省L市西北部约20千米的滨海区域。当前，风电场一期、二期工程已全部建成营运，共安装66台单机容量为1500千瓦的华锐风力发电机组，总装机容量为99兆瓦，三期工程正在建设中。2009年12月20日，本次评估所涉及的54台风机（见图5-9）全部投产发电。

风电场一期于2007年8月31日正式开工建设，2007年12月18日首批机组并网发电。装机容量为49.5兆瓦（33台×1500千瓦），风机采用华锐FL1500-77机型，塔架高77米，国内配套。

风电场二期于2008年3月7日正式开工建设。该项目总装机容量为49.5兆瓦，安装33台华锐FL1500-77风电机组，塔架高77米，国内配套。

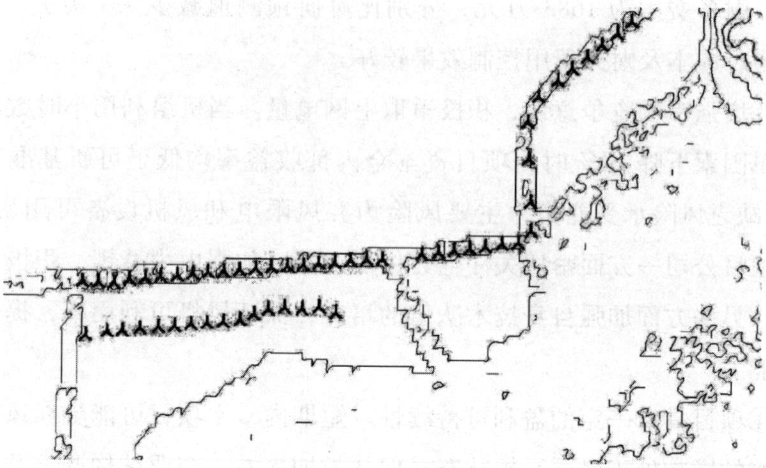

图5-9 风机机位

LZ风电场所处地区远离居住区，风能资源较为丰富，场区主要为滩涂地带，不占用林地，对当地的生态环境没有影响。风电场的建设和运行，可加快当地社会环境的改变，促进当地经济的增长，增加当地的财政收入，提高当地人民的生活质量。开发利用可再生能源，对优化能源结构、保护环境、减排温室气体、应对气候变化具有十分重要的意义。

5.2.2 建设过程评价

5.2.2.1 前期工作评价

（1）决策和实施过程的合规性

该工程各项工作基本按照国家基本建设程序进行，项目前期工作报批手续基本完备，决策和实施过程符合国家相关规定。项目的立项、初步设计批复及环保审批等手续基本齐备，履行了建设程序，得到山东省发展改革委的批准。

（2）决策结果的合理性

①厂址条件。2006年11月12日，山东省L市国土局同意调整该年度土地利用计划，将一期项目列入用地指标，原则上通过建设项目用地审查。该项目拟用地总面积为6.31公顷，全部为国有土地，其中，养殖水面

1.20 公顷，盐田 3.54 公顷，滩涂 1.57 公顷，土地补偿费按有关规定列入项目预算。2007 年 10 月 29 日，L 市国土资源局同意二期建设项目占用 L 市土山镇和沙河镇、虎头崖镇防潮堤外侧，东起虎头崖村防潮堤首端，西至澳河北靠防潮堤，南至掖盐路，拟用地总面积为 1.745 公顷，全部为国有土地，其中养殖水面 1.1638 公顷，建设用地 0.5819 公顷。

②工程地质。根据可研评估意见，拟选场址已经避开区域活动大断裂，从抗震及地貌和地质条件角度看属于抗震不利地段，不存在压矿问题，断裂不发育，没有影响场地稳定性的断裂分开，场地稳定，适宜建设。

③风能资源。LZ 风电场规划范围为沿 L 市防潮堤一坝区、二坝区、三坝区、四坝区沿海地带向内陆扩展约 1 千米，向海域扩展 1 千米，依据 L3#测风塔（见表 5－31）数据进行统计，70 米高平均风速为 6.65 米/秒（见表 5－32），平均风功率密度为 27 瓦/平方米，年有效风速小时数为 7270 小时，参照《风电场风能资源评估方法》（GB/T 18710—2002）的风功率密度分级表，可以判定整个风电场风功率密度等级为三级，风能资源较好，利用后评价所收集的数据计算得到该风电场年可利用小时数为 1875 小时（折减系数 30%）。

表 5－31　测风塔基本情况

名称	东经	北纬	测风时间段
L3#测风塔	119°37′17.8″	37°6′69.7″	2008 年 1 月 1 日至 12 月 31 日

风向玫瑰图和网速威布尔分布、测风塔风切变情况分别见图 5－10、图 5－11。

表 5－32　测风塔风速统计结果

日期	70 米（米/秒）	50 米（米/秒）	30 米（米/秒）	10 米（米/秒）
1 月 8 日	6.8	6.81	6.35	5.35
2 月 8 日	5.74	5.97	5.54	4.7
3 月 8 日	7.62	5.08	4.61	3.8
4 月 8 日	10.42	5.14	4.47	3.44

续表

日期	70 米（米/秒）	50 米（米/秒）	30 米（米/秒）	10 米（米/秒）
5 月 8 日	8.09	6.2	5.62	4.67
6 月 8 日	6.74	5.62	5.06	4.01
7 月 8 日	6.22	6.38	5.72	4.55
8 月 8 日	5.6	5.63	5.13	4.13
9 月 8 日	5.28	5.58	5.03	4.05
10 月 8 日	5.99	5.94	5.31	4.19
11 月 8 日	6.63	5.99	5.46	4.43
12 月 8 日	8	6.95	6.43	5.39
平均值	6.65	6.03	5.49	4.48

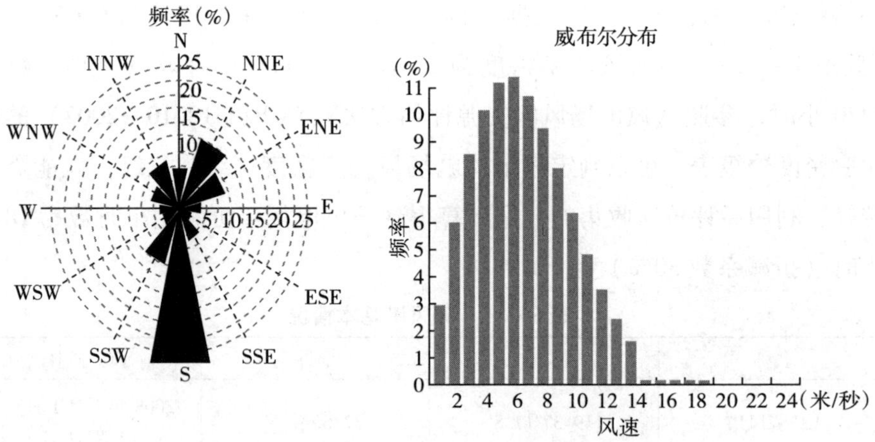

图 5－10　风向玫瑰图和风速威布尔分布

根据 L 市气象站近 30 年实测最大风速，1993 年以后气象站 10 分钟最大风速呈现减小趋势，测风塔 70 米高实测最大风速为 25.6 米/秒，气象站统计参数 CV 为 0.11，据此计算出测风塔 70 米高 50 年一遇最大风速为 32.9 米/秒。参照全国风压图分布，风电场 50 年一遇基本风压约为 0.60，换算成风速约为 31.0 米/秒，再依据 10 米高逐月最大风速与 70 米高逐月最大风速的相关关系得到 70 米高最大风速为 35.4 米/秒。将上述两种方法的计算结果进行对比分析，从设计安全角度考虑采用后者结果，得到 70 米高 50 年一遇 10 分钟最大风速为 35.4 米/秒。风电场湍流强度如图 5－12

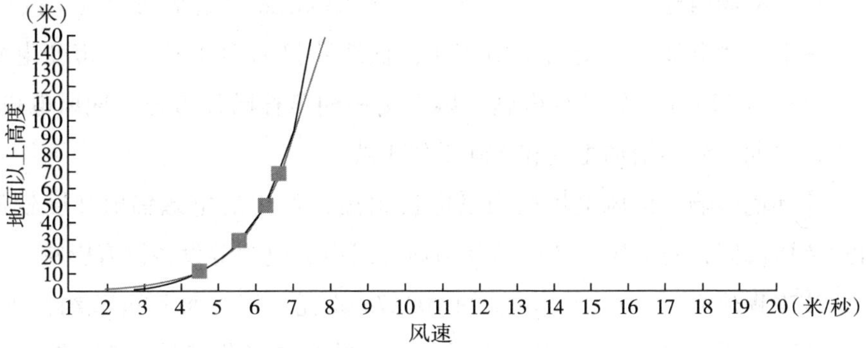

图 5-11　测风塔风切变

所示，强度小于 0.1，为 C 类湍流。

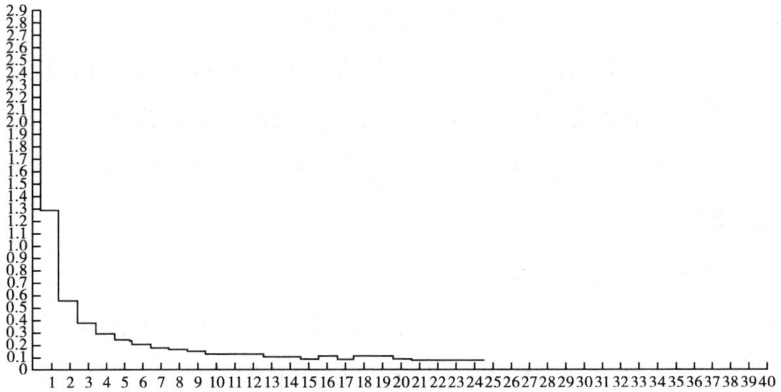

图 5-12　风电场湍流强度示意图

通过数据分析可知，该风电场属于ⅢC 类风电场，可考虑使用ⅢC 类及以上风机。

④电气部分。一期工程在风电场内建设 1 座 110 千伏升压变电所，安装 50 兆伏安主变压器 1 台，风电场内风电机经机端出口变压器升压至 35 千伏后分 3 组接入风电场低压侧，风场内建设 35 千伏出线 3 回，各风机按容量平均分组 T 接在 3 回线路上，风电场升压变出 1 回 110 千伏线路接入 L 市珍珠土山 110 千伏变电所。

二期工程已建成 220 千伏升压站 1 座，安装 100 兆伏安主变压器 1 台，风电场本期风电机经机端出口变压器升压至 35 千伏后分 3 组接入风电场低压侧；风电场内建设35千伏出线3回，各风机按照容量平均分组T接在3回线路上，风电场升压变出1回220千伏线路接入500千伏L市变电站，远景改接至220千伏路旺变电站。风电场一期工程已经考虑二期风电机组送出，本期工程不增加主变和220千伏出线。

⑤环境影响。该风电场风力发电机组运行产生的电磁辐射强度较低，且远离居民区，对居民身体健康及当地无线电、电视等设备没有影响。

该工程建成后，年上网电量约103275兆瓦·时，每年可节约标准煤3.15万吨、节约水6.69万吨，预计每年可减少二氧化硫排放74吨、烟尘排放20吨、煤渣灰约0.5万吨。由上述分析可知，山东省L市一期至二期风能资源较为丰富，风机可选用ⅢC类风电机组，具备地质条件和电网接入/送出等条件，做出投资决策的条件较为充足。

⑥交通。该风电场南侧边界线为东西走向的掖盐公路，可作为进入风场的主干道，风电设备可由此进入风电场，升压站和施工区在风场西南角，新建一条100米的道路作为110千伏升压站主进场道路，路宽7米，泥结碎石路面。

（3）建设方案的合理性

该风电场场址位于L市沿岸，资源条件较好，70米高度风速达到6.65米/秒，按国家标准等级为三级，具有良好的开发价值，L市电力负荷缺口较大，预计2015年用电量将达500亿千瓦·时，“十二五”规划期内年均增长10%。

5.2.2.2 实施准备阶段过程评价

（1）勘察设计评价

①工程设计整体评价。设计内容基本符合有关规程规范的基本要求，采用的主要工艺属于国内成熟技术，方案相对合理。

机组投产后运行状况良好，机组可利用率保持在97%以上，但存在实际产能低于可研设计值、发电量偏低等问题，影响项目经济性。

项目施工建设过程中未发生重大变更，设计变更不影响总投资控制。

②风资源评估的合理性。该风电场资源评估基本合理。通过分析LZ

风电场可研报告发现，其估算发电量高于实际产能，LZ风电场一期、二期可研报告中风电场等效满负荷小时数分别为2086小时和1908小时，折减系数为23%，2011年LZ风电场实际利用小时数为1787.64小时，低于可研数据，也低于后评价计算结果1875小时。详细结果见表5-33。

表5-33 复核数据和可研数据对比结果

项目	LZ风电场一期、二期	
风电场概述	该风电场位于L市区西北部20千米开外的海岸边，地势平坦开阔，机组型号为FL1500-77，装机容量为99兆瓦，本次评估只涉及其中54台	
业主	DT HB发电有限公司	
海拔	4米	
	可研数据	实际数据
空气密度（千克/立方米）	1.226	1.226
70米高年平均风速（米/秒）	6.5	6.65
70米高最大风速（米/秒）	35.4	32.5
主导风向	SSE	S
机组型号	WTG-1500	FL1500-77
轮毂高度（米）	65	65
叶轮直径（米）	77	77
单机容量（米）	1500	1500
风机数量（台）	33+33	33+21
理论发电量（吉瓦·时）	134.101	142.75
上网电量（吉瓦·时）	103.275	99.93
折减系数（%）	23	30
风机可利用率（%）	95	93
线损及厂用电（%）	2	
叶片污垢、湍流和极端天气等其他综合因素折减（%）	3	
容量系数	0.238	0.214

③建议和结论。对风资源的评估相对合理，但存在产能被高估的情况，可研产能比实际产能高16%，实际产能比后评价估算产能低5%，直

接影响项目的经济效益。在土地征用方面，因和当地盐场企业存在土地利用冲突，导致日常检修无法正常进行，进而直接影响正常生产运营维护，对项目发电量具有较大的负面作用。

通过采用实测数据计算该风电场风资源及发电量，发现现场微观选址充分合理，所有风机点位基本在优良资源区范围内。

所用 FL1500－77 风机为二类机型，但 LZ 风电场属三类风速风场，因此如果使用长桨叶的三类风机将会大大提高发电效率，建议以后有针对性地进行技改实验，提升发电量。

（2）开工准备评价

①项目批复与组织建设情况。2007 年 7 月 13 日，中国 DTHB 发电股份有限公司按照《中华人民共和国公司法》的规定，投入资本金 22461.51 万元设立了国有独资公司 DTLZ 风力发电有限责任公司，由该公司建设和管理 LZ 风电场一期、二期项目。

在一期和二期的项目建设过程中，项目公司编制了工程、物资、技经、财务、审计、招投标、综合等方面的管理制度。在工程方面，对垂直升降机械使用、工程质量管理、建设安全、文明施工、重大事故应急救援等进行规范化管理；在物资方面，制定了物资管理办法；在技术经济方面，制定了合同管理、预算管理等办法；在财务方面，制定了基建财务管理办法、基建会计核算制度和生产成本管理办法；在审计方面，制定了建设项目审计办法及竣工决算审计办法；在招投标方面，制定了招标管理、招标监督等办法。基本上满足了建设过程中的全面、全方位、全过程管理，并推动各项管理工作走向科学化、规范化、制度化，满足工期、质量、造价三大控制目的的需要。

DT 集团于 2007 年 8 月 13 日以《关于 DTLZ 风电场一期工程开工的批复》（DT 集团计〔2007〕522 号）对一期工程的初步设计和概算做出批复，批准一期工程总投资 56310 万元，其中集团投资 11262 万元，贷款 45048 万元。

省发展改革委于 2007 年 7 月 10 日签发〔2007〕614 号文件，对一期项目予以核准，省工程咨询院签发《关于 DTHB 发电股份有限公司山东 LZ 风电场 49.5 兆瓦可行性研究报告》（鲁工咨能字〔2007〕79 号）。

由于该项目建设完成后历经多次划转，产权几经易手，未找到集团公司对该项目的最终执行概算批复。

②项目设计、承建、监理及资质情况。该工程由河北省电力勘测设计研究院进行勘察设计，主要由湖南省火电建设工程有限公司负责施工，辽宁东建电力监理咨询有限公司进行现场监理。

经审核，该项目的提出、可行性研究报告批复均符合国家及 DT 集团基本建设管理程序；该项目管理组织机构及机构设置均符合国家及 DT 集团规定；该项目的设计、监理及施工单位具备国家及 DT 集团规定的相应资质。

③结论及建议。项目法人为既有法人，组织机构设置合理。初步设计批复较为及时，对工程开展具有指导意义，但在概算执行过程中，未取得 DT 集团的相关批复。

该项目基本达到了预期的建设成果，但存在可研电量偏高问题，使得项目建成后经济性较设计初衷差，后续生产中又遇到土地利用矛盾，大大影响了整个项目的正常运行，使发电量受到影响。

主要参建单位采用招标方式选择，符合集团公司相关工程管理规定，合同协议基本正确规范，未发生大的合同纠纷。在招标方面，制定招标管理、招标监督等办法。

由于该项目投产后产权经过数次划转，导致部分项目前期批复文件不到位，在评价过程中未能落实。

5.2.2.3　实施阶段过程评价

（1）施工图设计评价

一期、二期工程均由河北省电力勘测设计研究院进行设计，其是国家甲级综合电力勘测设计单位，符合承担该项目设计资质的要求。

经审核，该项目的提出、可行性研究报告批复均符合国家及 DT 集团基本建设管理程序；该项目管理组织机构及机构设置均符合国家及 DT 集团规定；该项目的设计单位具备国家及 DT 集团规定的相应资质。

（2）设备采购评价

在设备采购过程中，项目公司严格贯彻执行招投标管理制度和合同管理制度，制度和程序合规、合法，符合 DT 集团的相关规定，采购合同较为严谨、规范。

在今后采购工作中需要更加严谨，将采购计划编制得更加合理，对 DT 集团要求的招标额度之上的设备全部以招标方式采购。因为风电部分设备（尤其是电气设备）金额较小，有时会出现开标时厂家不到 3 家的情况，建议通过发布第二次招标公告的方式，在规定时间内再进行开标，此时，如果厂家只有 2 家，根据国家目前的《中华人民共和国招标投标法》，可以对 2 家进行开标。这样，既符合国家相关法规，又考虑了厂家数量不够的实际情况。

（3）工程施工评价

风电场建设过程中，风机安装的安全、质量、进度与现场的生产材料、机械、人员的构成有直接关系，且受现场环境及气候因素制约，合理的管理和熟练的技术工人显得尤其重要。

①工程质量控制。项目单位资质齐全，属于甲级资质单位。该项目工程严格按照工程建设质量验收规范执行，质量监督单位组织机构健全。规范了施工质量控制程序，做到了工程建设全过程质量控制，确保了质量预控目标的实现。

一期土建、安装单位工程质量合格率分别为 94.7% 和 96%，未见优良率，没有发生任何质量事故。由于多次划转，单位变动大，未见二期工程资料。风机基础钢筋绑扎、基础浇筑、地线焊接、电缆铺设等隐蔽工程验收情况良好。

值得借鉴的是工程施工质量，在整个施工过程中严加控制，使工程质量处于受控状态，包括对三级验收项目进行抽检，对四级验收项目进行签证，对隐蔽工程项目填写“隐蔽工程单”。

②工程进度控制。由于多次划转，单位变动大，资料缺失严重。一期

材料个别有缺失，有一定考评根据；二期相关材料缺失，影响考评结果的因素无从查起。

具体结论如下：a. 工程不存在大规模赶工期现象。b. 由于当地盐场的盐池围绕，发生阻工现象，施工进度受到影响。c. 未见一期里程碑计划，只有正式开工日期，无法进行进度比较。d. 未见一级、二级、三级网络图。e. 未见物资供应计划及执行情况。

③工程安全控制。工程开工前，建设方与施工单位分别成立了安全生产委员会，设立了组织机构，配备了专职安全员，建立健全了安保体系。建设方与施工单位签订《施工安全责任书》。施工作业指导书的施工组织和安全技术措施完备。对施工单位负责人和工程技术人员进行全面的安全技术交底，有完整的记录台账。

建设方、施工单位及监理方每周召开一次安全例会，对安全情况进行通报并开展安全教育，每月开展一次安全大检查，对安全情况进行检查、整改。各种特种作业人员做到持证上岗，重大危险源管理措施完善。

考察一期工程存有的资料可得出如下结论：

工程实现了建设期主要安全管理目标，未发生人身伤亡、重伤，未发生重大设备事故，安全管理方面实现零事故。

由工程施工建设评价部分可知，从施工组织设计看，影响工程质量的因素包括人员、材料、设备、施工程序及方法，完全符合设计要求。从设计图纸看，验评报告中房屋建筑工程、发电设备基础工程、变配电设备基础工程、风机安装工程、塔筒安装工程、升压站安装工程、送出系统安装工程等均符合设计要求。从施工进度计划的编制方面看，无里程碑计划，无一级网络图；工程试运组织机构不健全。从厂级资料看，未见试运机构；在大型机械的定期安全检查方面，未发现检测报告。

（4）施工监理评价

该工程监理单位具有电力建设监理甲级资质，组织机构健全，监理人员配备齐全，做到了持证上岗。

未见监理大纲，有《监理规划》《监理实施细则》；未见开工报告；未见调试大纲。

有会议纪要，有隐蔽工程质量验收签证。

监理通知单、整改通知单及时准确。

（5）竣工验收评价

关于竣工验收评价，仅有部分一期资料，二期有关资料缺失；未见一期竣工验收组织机构，可见部分一期竣工图纸（见表5-34）。

由于多次划转，造成资料归档不齐全，建议以后风电工程施工建立竣工验收组织机构。

表5-34 竣工验收评价（一期）

序号	查评内容	查评资料	查评结果
1	竣工验收组织机构是否健全	厂级资料	未见
2	竣工验收报告	厂级资料	未见
3	竣工图纸	厂级资料	见部分竣工图纸
4	竣工资料	厂级资料	见部分竣工资料，有预验收资料

（6）生产准备评价

生产准备情况：虽然项目方未提供相关文件，但各种文件反映了生产准备工作的成就。

机构组建情况：基建期生产准备部门参与了工程招标订货、审查设计、安装质检、设备试运、系统调试工作；试运前编制颁发了管理制度汇编99项及运行规程和检修规程等作业标准；招聘人员、岗前培训、考试上岗等逐项工作基本满足设备系统试运和投产要求。但由于资产归属多次变更和管理体制变化，风场定编仅保留3名管理人员，实行运行检修一体化外委管理模式，受托方为DT山东公司。

技术标准、管理标准、工作标准及规章制度99项，已经3次修编。这些制度章节全面、可操作性强、审批程序规范。

生产准备期人员到岗及时，机组单体试运前，按定员随各期设备投产需要分批到岗，现场考试合格，取得相应岗位任职资格。从单体试运开始，运行人员在调试人员的指导监护下完成全部操作，逐步掌握和提高确保机组投产后安全稳定运行的技能。但目前已实行运检全外委管理，由受委托方配置运行检修人员。

在项目建设阶段，各级生产人员参与了设计、设备选型、设备招标、设备监造、设备安装、静态调试、动态调试、单机试运、整体试运等工作。因资产归属变更和管理体制变化，240 小时试运以及生产的签证文件归档移交受影响很大，无从查找的文件很多。

5.2.2.4　投资执行评价

（1）工程造价控制情况评价

①一期项目。LZ 风电场一期工程（49.5 兆瓦）于 2007 年 8 月 31 日经 DT 集团批准正式开工建设，2007 年 12 月 18 日，首批机组并网发电，到目前为止运行状况良好。详情见表 5 – 35。

表 5 – 35　一期工程造价控制情况　　单位：万元

序号	项目	可研概算	执行概算	竣工决算	执行概算减去可研概算	竣工决算减去执行概算
1	项目总投资（含送出）	54873	51467	—	–3406	—
2	项目总投资（不含送出）	54523	49767	—	–4756	—
3	建筑工程费	3625	5180	—	1555	—
4	安装工程费	3143	2839	—	–304	—
5	设备购置费	40123	37489	—	–2634	—
6	其他费用	7615	4259	—	–3356	—
	其中：贷款利息	1425	1230	—	–195	—
7	送出工程	340	1700	—	1360	—

②二期项目。LZ 风电场二期工程可研动态投资为 48858 万元（含送出系统），单位造价为 9861 元/千瓦。风电场一期工程已考虑二期风电机组送出，故本期工程没有送出费用，详情见表 5 – 36。

表 5 – 36　二期工程造价控制情况　　单位：万元

序号	项目	可研概算	执行概算	竣工决算	执行概算减去可研概算	竣工决算减去执行概算
1	项目总投资（含送出）	48858	45336	—	–3522	—

续表

序号	项目	可研概算	执行概算	竣工决算	执行概算减去可研概算	竣工决算减去执行概算
2	建筑工程费	4296	4223	—	-73	—
3	安装工程费	2205	2175	—	-30	—
4	设备购置费	35570	35088	—	-482	—
5	其他费用	6742	3879	—	-2863	—
	其中：贷款利息	1390	1190	—	-200	—
6	送出工程	0	0	—	0	—

（2）建设资金筹措到位与使用情况评价

①一期项目。LZ 风电场一期工程可研预算总投资为 54873 万元，投资由 DTHB 发电股份有限公司注入 20% 资本金，其余 80% 来自银行长期负息贷款资金。此工程项目的概算总投资为 52392 万元，预计资本金 10478 万元，总融资 41914 万元。

截至 2009 年底，资本金实际到位 10437 万元，到位融资金额 41746 万元。

②二期项目。LZ 风电场二期工程批准的投资总额为 48024 万元，其中 DTHB 发电股份有限公司投资 9605 万元，其余为银行贷款。修编概算的投资总额为 46045 万元，其中资本金 9209 万元，其余为银行贷款 36836 万元。

截至 2009 年底，工程资金到位 42831 万元，占工程全部投资的 93.02%。其中，注册资本金 9040 万元，银行贷款 33791 万元。银行贷款全部由交通银行股份有限公司烟台分行提供，贷款最大额度为 37000 万元，贷款期限为 15 年，贷款利率按照中国人民银行公布同期利率优惠 7%，由 DT 集团提供担保。

5.2.2.5 合同执行评价

（1）合同签订情况

全面贯彻落实《中华人民共和国合同法》，遵守 DT 集团《中国 DT 集团公司工程合同管理办法》及省公司关于合同管理的若干规定，制定了

《DTHB 发电股份有限公司合同管理办法》，明确了合同归口管理部门，严格遵守合同谈判、起草、编号、核对、会签、审核、批准、订立、履行、变更、解除、保管、奖惩、监督等执行程序，建立制约和监督机制，做到标的清楚、范围清晰、数量确切、质量要求具体、履约时限准确、违约责任明确、争议解决方式妥当，建立了合同管理台账，设立了合同信息数据库。

为了有效防止工程在施工安装过程中发生大量因工程量变更引起的签证，进而使工程造价上升，难以控制。在工程开工时，公司就制定了严格的签证制度。明确规定除非存在设计上的缺陷，否则不得进行变更，以免增加施工难度，影响项目安全性，以及损害投产后的经济效益。大幅增加投资，需经监理公司提出，经项目部和设计院一致同意，方可签证，否则不能进行变更签证。工程一般是一次性签订闭口合同，必须发生签证但金额不大的，也由项目公司及施工方共同承担，有效地防止了签证及变更的无序发生。

（2）合同质量控制情况

施工单位按照合同约定施工、竣工，并在质量保修期内承担工程质量保修责任。

（3）设备采购及其他合同

项目核准后，公司就委托设计院进行了设备咨询及选型工作，并在此基础上进行工程设计，然后根据设计的工程量制订采购计划。未发现重大的超合同金额结算情况，无重大的合同纠纷现象。

5.2.2.6　综合评价

（1）通过现场资料和甲方概述可以看出，项目公司从投资决策开始到结束，基本上能够进行计划、组织、指挥、协调、控制和评价，实现项目的目标。

①项目公司采取有效措施分解、细化控制指标，合理控制工程造价。在投资管理过程中，采取静态控制、动态管理，坚持项目法人制、工程招投标制、合同制、监理制等原则，实现了投资的可控、在控状态。

②按照《中华人民共和国招标投标法》规定成立设备招标领导小组，进行系统、规范的管理；在工程建设过程中，设备材料的采购管理严格履行合同，确保了建设的需要；设备材料采购完全按照《中华人民共和国招标投标法》和DT国际管理规定进行，招标工作纪律严明，未发现违章违纪现象。

③在工程建设中充分发挥人员的积极性和创造性，充分利用气候情况安排施工进度，精简机构人员，提高工作效率，更加科学、严谨、有效地做好工程管理，岗位设置满足项目建设管理的需要。

④工程期间各参建单位始终贯彻“安全第一、预防为主、综合治理”的方针，建立健全安全管理机构，分工明确，责任到人，坚持“谁主管，谁负责”的原则，消除了安全管理的死角和盲区。施工现场安全管理工作可控受控，工程建设期间没有发生人身伤亡和设备损坏事故，没有发生工程质量和火灾事故，确保工程顺利完成。在移交生产时基本实现了基建零痕迹、移交零缺陷。

⑤一期工程场址选定的地理位置便于扩建，工程建设时都有预留，从而节约了资金，缩短了工期，避免了不必要的重复建设。

（2）存在的缺陷

由于多次划转，相关档案资料缺失，尤其是财务数据资料很不齐全，一些重要的财务数据也无法准确拆分，导致本项目后评价工作中的投资评价无法按期完整进行，缺乏准确性。

①缺失竣工报告，财务数据无法正确拆分，无法正确、翔实地进行投资执行评价分析。

LZ风电场一期仅有可研报告、执行概算报告、修编概算报告、缺失结算报告和竣工决算报告（只有结算转固的总数和竣工决算的总数，无详细报表）；LZ风电场二期只有可研报告、执行概算报告、修编概算报告、结算报告（仅是21台风机的报告），缺失竣工报告（因另外12台风机资产划转没有结束，且资产归类在LZ风电场三期，故至今无法正常进行LZ风电场二期的竣工决算）。

②执行概算批复一期和二期资料均缺失，可以说，在概算执行过程中，未取得 DT 集团的相关批复；可研（初步设计）审查批复仅有一期资料，缺失二期资料。

③工程资料也不健全，尤其是二期资料，丢失严重，无法补充，直接影响二期后评价分析结果，如未见监理大纲、开工报告、调试大纲；未见里程碑计划；只有正式开工日期，无法对施工进度和计划进度进行比较；未见一级、二级、三级网络图，未见物资供应计划及执行情况；等等。

工程质量控制、工程施工评价、工程进度控制、工程安全控制、施工监理评价等都缺失二期资料。工程安全控制不到位，从施工进度计划的编制方面看，无里程碑计划，无一级网络图；工程试运组织机构不健全；从厂级资料看，未见试运机构；在大型机械的定期安全检查方面，未发现检测报告。

④可研报告中风资源评估相对合理，但存在主要指标值比实际产能值偏高的现象，以 2011 年为例，风场实际利用小时数为 1787.64 小时，低于可研中报告中的 2086 小时，也低于后评价计算结果的 1875 小时。

5.2.3 经济效益评价

5.2.3.1 成本费用评价

（1）固定变动成本结构分析

①一期固定变动成本结构分析。LZ 风电场一期工程 2009—2012 年固定成本值、变动成本值及其各自所占总成本费用的比例如图 5－13 和图 5－14所示，可以看出固定成本基本维持不变，变动成本微减，从而出现固定成本所占比例、变动成本所占比例都小幅波动的总体趋势。固定成本所占比例保持在 99% 以上，变动成本所占比例一直低于 1% 。

②二期固定变动成本结构分析。LZ 风电场二期工程 2009—2012 年固定成本值、变动成本值及其各自所占总成本费用的比例如图 5－15 和图 5－16 所示。可以看出，与一期相比，固定成本增加幅度较大，变动成本

图 5-13　LZ 风电场一期固定成本和变动成本趋势

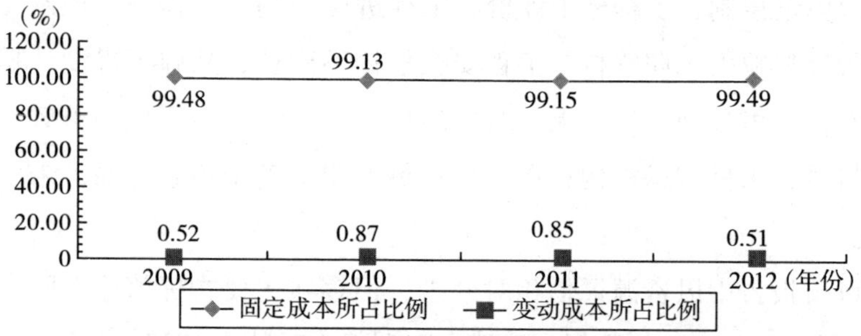

图 5-14　LZ 风电场一期固定成本和变动成本占比变化

增加幅度也较大，从而出现固定成本所占比例微减、变动成本所占比例稍增的总体趋势，固定成本所占比例保持在 99% 以上，变动成本所占比例一直维持在 1% 左右。相较于一期，二期变动成本变动幅度较大，所占比例变动也较大。

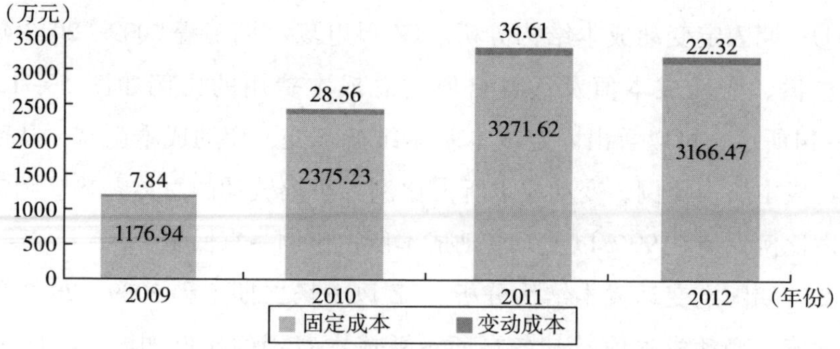

图 5-15　LZ 风电场二期固定成本和变动成本趋势

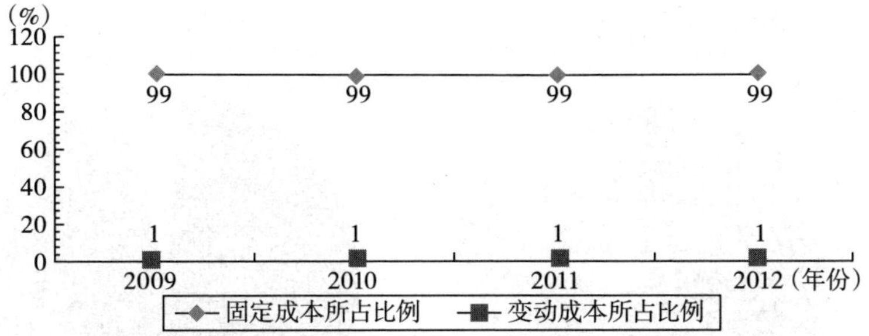

图 5－16　LZ 风电场二期固定成本和变动成本占比变化

（2）成本费用详情分析

总体来讲，LZ 风电场一期、二期生产成本详情如表 5－38 所示。由图 5－17～图 5－25 可以得出：

一期的总成本费用相对稳定，2009—2010 年呈下降趋势，主要原因是财务费用和其他费用减少，之后基本持平。二期总成本费用呈现逐年上升趋势，2009—2011 年财务费用、修理费和其他费用的增加致使总成本费用在 2011 年达到最高点（3308.23 万元），之后修理费和材料费减少，2012 年出现下降。

从成本构成上讲，以 2009—2012 年年平均所占比例来看，折旧费和财务费用合计高达 80%，工资福利费用所占比例较小，为 2.8%～5.0%；修理费所占比例偏低，除 2011 年特殊情况（一期、二期分别达到 5.80%、4.71%）外，仅为 1% 左右。

①一期成本费用结构及趋势评价。对 LZ 风电场一期 33 台×1500 千瓦风机项目投产运行后实际运行财务情况中的成本数据进行总成本费用分析，并编制成本费用表，其中，2009—2012 年均为完整运行年份，具体情况如图 5－17～图 5－20 所示。可知一期成本费用结构较为稳定，主要由折旧费、财务费用组成。两者合计在 2009—2012 年 4 年间基本占总成本费用的 85%，折旧费用占总成本费的一半。

从图 5－21 中可以看到，折旧费在 2010 年下降后基本稳定不变。主营成本波动趋势基本与折旧费一致——2010 年下降幅度较大，次年回升

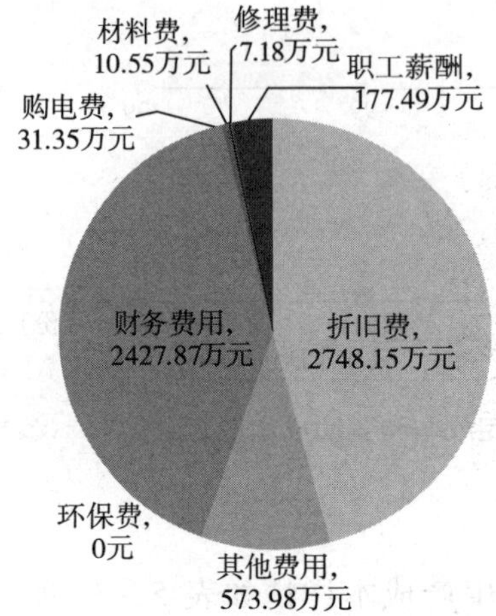

图5－17　一期2009年成本费用结构分析

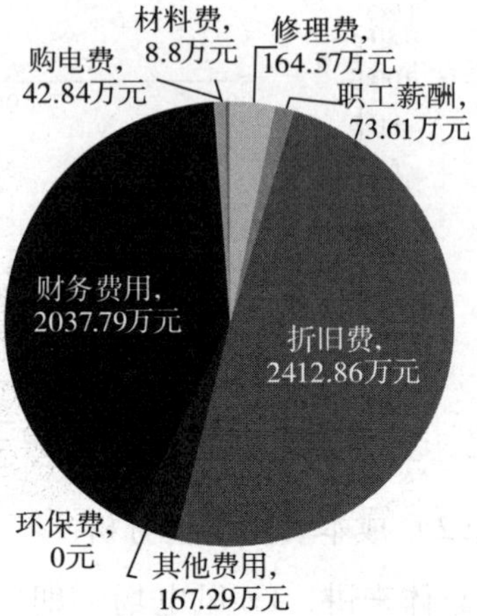

图5－18　一期2010年成本费用结构分析

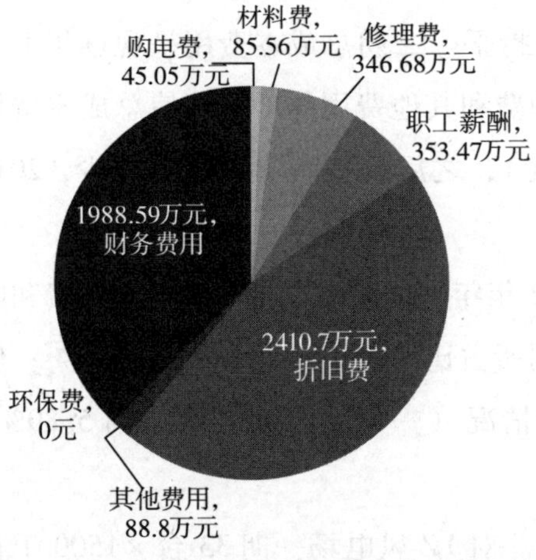

图5－19　一期2011年成本费用结构分析

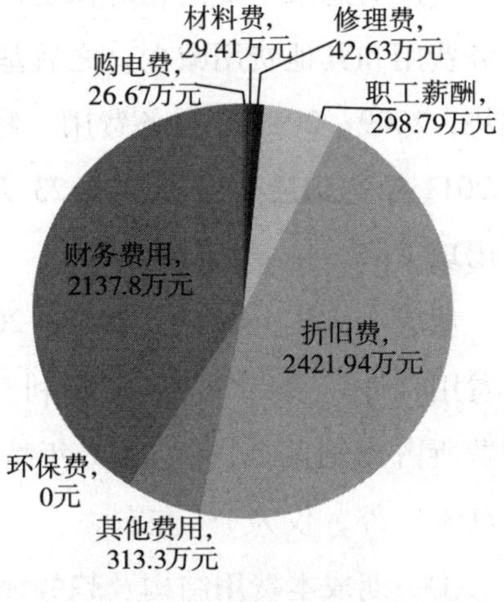

图5－20　一期2012年成本费用结构分析

后大体上稳定，但修理费用在2010年、2011年的激增对主营成本也有不小的影响。财务费用在2010年下降后基本稳定不变（2012年有小幅增加）。

②二期成本费用结构及趋势评价。对LZ风电场二期21台×1500千瓦风机项目投产运行后实际运行财务情况中的成本数据进行总成本费用分析，并编制成本费用表。其中，2009—2012年均为完整运行年份，具

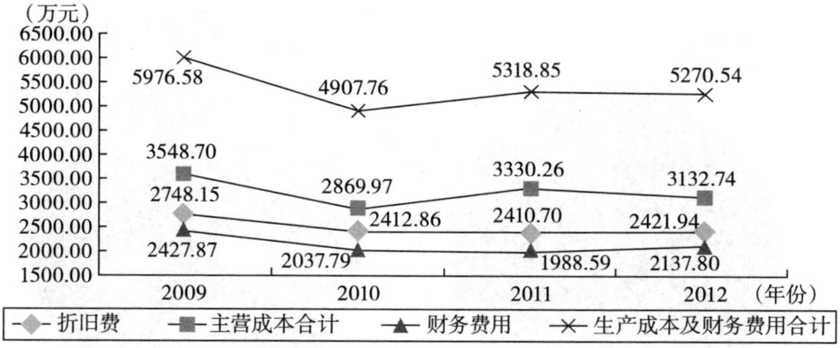

图 5-21 一期成本费用变化趋势

体情况如图 5-22～图 5-25 所示。可以看到二期成本费用结构较为稳定，主要由折旧费、财务费用组成。两者合计 2009—2012 年稳定在占总成本费用的 80% 左右。折旧费用占总成本费用的一半左右，所占比重逐年减少。财务费用所占比重持平，但在 2011 年总额达到最大值后开始微减。

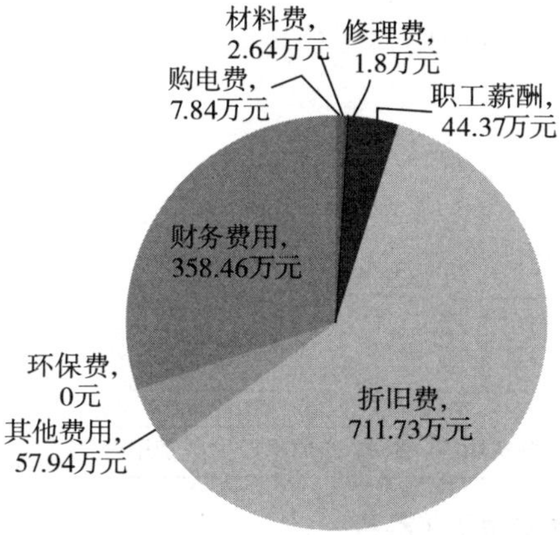

图 5-22 二期 2009 年成本费用结构分析

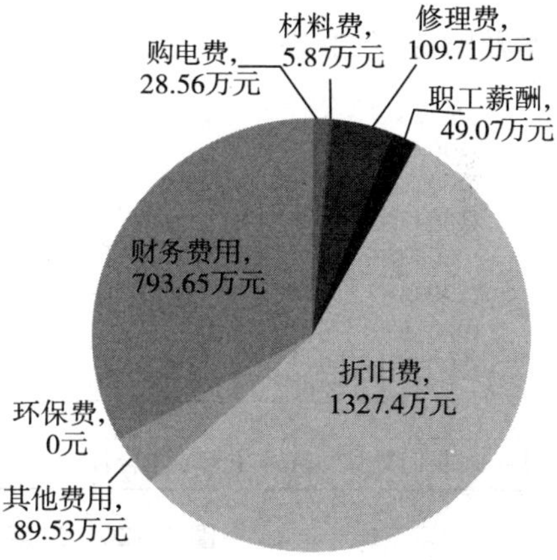

图 5-23 二期 2010 年成本费用结构分析

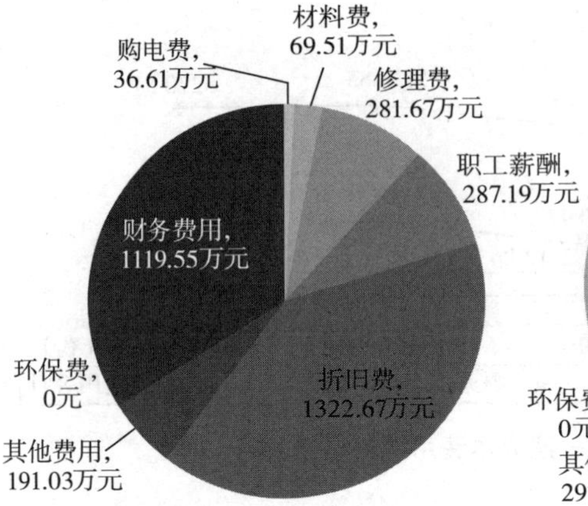

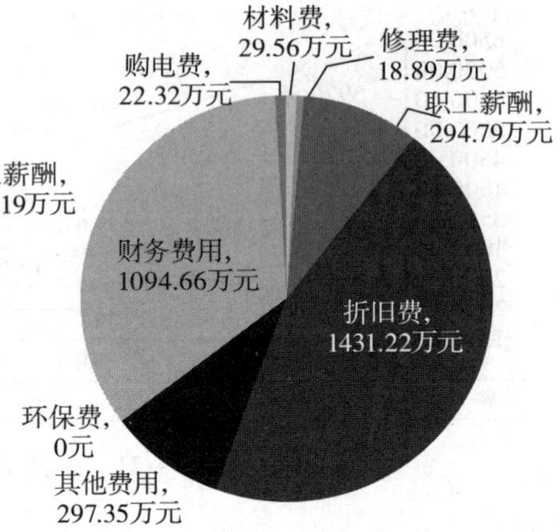

图 5－24　二期 2011 年成本费用结构分析　**图 5－25　二期 2012 年成本费用结构分析**

从图 5－26 中可以看到，2010 年二期的财务费用、折旧费用及总成本费用均有较大幅度的上升。折旧费上升是由于部分在建工程转成固定资产，开始计提折旧，加上职工薪酬和其他费用的上升等，导致主营成本上升。财务费用上升是因为 2009 年新增建行贷款 5500 万元进入，导致生产成本及财务费用合计大幅增加。2011 年成本费用趋于稳定。

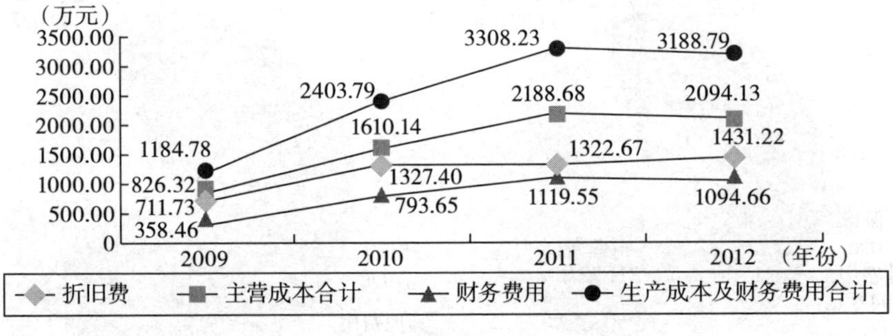

图 5－26　二期成本费用变化趋势

如表 5－37 所示，发电总成本呈现逐年上升的趋势，大部分成本费用指标逐年增加。增值税征收方面，LZ 风电场一期、二期实行即征即退政策，退还 8. 5% 的增值税。主营业务收入基本稳定——一期维持在 6000 万元左右，二期在 4500 万元左右浮动，各期利润受收入波动和成本费用不稳定双重因素的影响而上下波动，但均实现了正利润（2011 年除外）。

表 5-37 LZ 风电场一期、二期工程生产成本及财务成本

	2009 年		2010 年		2011 年		2012 年		历年均值		所占比例(%)	
	一期	二期	一期	二期	一期	二期	一期	二期	一期	二期	一期	二期
购电费(万元)	31.35	7.84	42.84	28.56	45.05	36.61	26.67	22.32	36.48	23.83	0.68	0.95
材料费(万元)	10.55	2.64	8.80	5.87	85.56	69.51	29.41	29.56	33.58	26.89	0.63	1.07
修理费(万元)	7.18	1.80	164.57	109.71	346.68	281.67	42.63	18.89	140.27	103.02	2.61	4.09
职工薪酬(万元)	177.49	44.37	73.61	49.07	353.47	287.19	298.79	294.79	225.84	168.86	4.21	6.70
折旧费(万元)	2748.15	711.73	2412.86	1327.40	2410.70	1322.67	2421.94	1431.22	2498.41	1198.26	46.54	47.52
其他费用(万元)	573.98	57.94	167.29	89.53	88.8	191.03	313.30	297.35	285.84	158.96	5.32	6.30
环保费(万元)	0	0	0	0	0	0	0	0	0	0	0	0
主营成本合计(万元)	3548.70	826.32	2869.97	1610.14	3330.26	2188.68	3132.74	2094.13	3220.42	1679.82	59.99	66.62
财务费用(万元)	2427.87	358.46	2037.79	793.65	1988.59	1119.55	2137.80	1094.66	841.58	841.58	15.68	33.38
生产成本及财务费用合计(万元)	5976.58	1184.78	4907.76	2403.79	5318.85	3308.23	5270.54	3188.79	5268.43	2521.40	100.00	100.00
上网发电量(万千瓦·时)	9953.81	2436.15	10564.00	6978.91	8168.12	5201.05	9443.54	7339.88	9532.37	7520.96		
主营业务收入(万元)	6040.35	1478.35	6410.63	4235.07	4956.72	3156.19	5730.69	4454.12	5784.60	3330.93		
利润总额(万元)	34.90	423.33	2398.20	1840.86	480.43	-152.04	744.38	1438.28	914.28	887.61		
CDM 收益(万元)												
固定成本(万元)	5945.22	1176.94	4864.92	2375.23	5273.80	3271.62	5243.87	3166.47	4025.52	2497.57	0.75	1.00
变动成本(万元)	31.35	7.84	42.84	28.56	45.05	36.61	26.67	22.32	36.48	23.83	0.01	0.01

注:本表中关于成本费均来源于 LZ 风电场一期、二期各年财务报表。

（3）盈亏平衡分析

①生产能力利用率。LZ 一期 2009—2012 年年均总成本费用为 5268.43 万元，其中，年固定成本和变动成本分别为 4025.52 万元和 36.48 万元，年销售收入为 5784.6 万元，年销售税金及附加为 28.55 万元。

LZ 二期 2009—2012 年年均总成本费用为 2521.4 万元，其中，年固定成本和可变成本分别为 2497.57 万元和 23.83 万元，年销售收入为 3330.93 万元，年销售税金及附加为 0 元。

根据 LZ 风电场长期运营环境、政策法规分析以及市场需求变化等，以经济效益主要指标的设定为基础，对项目发展运营的盈亏平衡进行分析。所得税税前以生产能力利用率表示的盈亏平衡点（BEP），其计算公式如下：

$$BEP_{生产能力利用率} = \frac{年固定总成本}{年销售收入 - 年可变成本 - 年销售税金及附加} \times 100\%$$

$$BEP_1 = \frac{4025.52}{5784.6 - 36.48 - 28.55} \times 100\% = 70.38\%$$

$$BEP_2 = \frac{2497.57}{3330.93 - 23.83 - 0} \times 100\% = 75.52\%$$

当一期售电量占总售电量的 70.38% 时，一期项目实现盈亏平衡；当二期售电量占总售电量的 75.52% 时，二期项目实现盈亏平衡。

②售电量。一期项目年销售单价为 606.83 元/千瓦·时，单位可变成本（购电成本）为 366.84 元/千瓦·时，单位销售税金及附加为 0.003 元/千瓦·时。

二期项目年销售单价为 606.83 元/千瓦·时，单位可变成本（购电成本）为 324.66 元/千瓦·时，单位销售税金及附加为 0 元/千瓦·时。所得税税前以售电量表示的 BEP 为

$$BEP_{产量} = \frac{年固定总成本}{销售单价 - 单位可变成本 - 单位销售税金及附加}$$

$$BEP_1 = \frac{4025.52}{606.83 - 366.84 - 0.003} = 1.677 亿千瓦·时$$

$$BEP_2 = \frac{2497.57}{606.83 - 324.66 - 0.00} = 0.885 \text{ 亿千瓦·时}$$

计算结果表明，在当前售电价水平下，项目适应市场变化的能力较强，抗风险的能力较好。当一期工程年售电量达到1.677亿千瓦·时时，就能实现盈亏平衡；当二期工程年售电量达到0.885亿千瓦·时时，就能实现盈亏平衡。相比之下，二期实现盈亏平衡压力较小。

综合项目运营总成本、销售收入、销售税金及附加、总成本的变化趋势，得到一期、二期项目运营的盈亏平衡分析结果，分别如图5-27、图5-28所示。

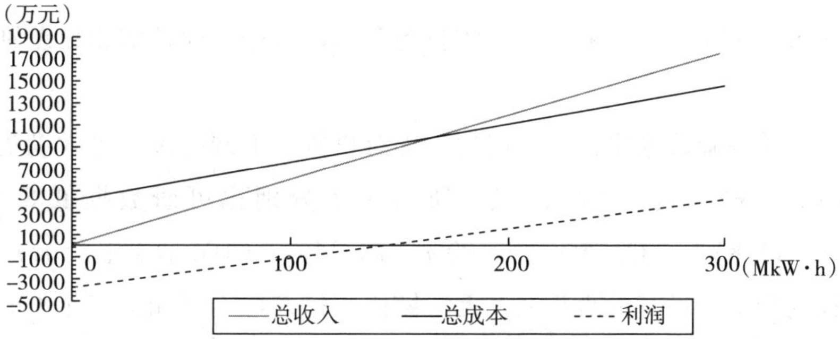

图5-27 一期盈亏平衡分析

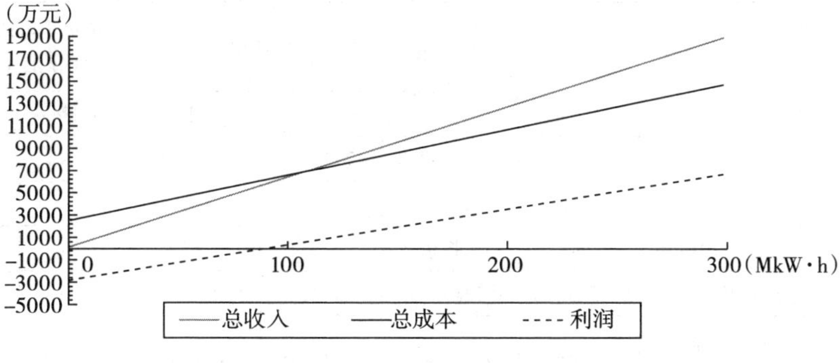

图5-28 二期盈亏平衡分析

假定LZ风电场项目以后每年运行的主要经济指标维持在2009—2012年的平均水平，盈亏平衡点计算表明，当一期工程售电量利用率达到70.38%，即年售电量为1.677亿千瓦·时时，一期项目运营达到盈亏平衡；当二期工程售电量利用率达到75.52%，即年售电量为0.885亿千瓦·时时，二期项目运营达到盈亏平衡。后期随着计提折旧额的少量而减少，售电量利用率和售电量的盈亏平衡点必然微降，故以2009—2012年平均水平为计算标准，基本上不影响项目盈亏平衡的分析结论。

5.2.3.2 经济指标评价

本次测算数据的前评估数据为可研报告数据，后评价数据采用一期、二期投产后各年的实际数据平均值。表5－39为LZ风电场一期、二期经济指标评价的各项基础数据。

（1）基础数据比较分析

从表5－38中可以看出，后评价各项基础数据与前评估相比差别不是很大。

①一期基础数据比较。一期的工程总投资、上网电价、等效满负荷利用小时数、材料费、大修理费、所得税率分别比可研数据低8.93%、2.34%、11.83%、43.75%、72.00%、24.24%；CDM收益、综合厂用电率和福利费率因没有可研数据，无法做比较；人均工资和折旧年限分别比可研数据高103.60%、33.33%；增值税率等其他指标均与可研数据相符。

表5－38 基础数据对比

序号	项目	单位	可研数据（一期/二期）	后评价		相对于可研变动百分比（%）	
				一期	二期	一期	二期
1	工程总投资	万元	54873/48858	49971.00	29234.55	－8.93	－40.16
2	CDM收益	万元	未提供				
3	综合厂用电率	%	未提供	2.83	2.83		
4	上网电价（含税）	元/千瓦·时	0.727/0.723	0.71	0.71	－2.34	－1.80
5	等效满负荷利用小时数	小时	2086/1908	1839.20	1810.60	－11.83	－5.10
6	水费	元/兆瓦·时	0	0	0		
7	材料费	万元	12.516/11.448	7.04	8.55	－43.75	－25.31

续表

序号	项目	单位	可研数据（一期/二期）	后评价		相对于可研变动百分比（%）	
				一期	二期	一期	二期
8	大修理费	万元	固定资产原值的 1.0%	0.28	0.35	-72.00	-65.00
9	基准收益率	%	8/5	8	8	0	60.00
10	折旧年限	年	15/15	20	20	33.33	33.33
11	残值率	%	5	5	5	0	0
12	人均工资	万元	5	10.18	10.18	103.60	103.60
13	福利费率	%	未提供	44	44		
14	定员	人	15	15	15	0	0
15	增值税率	%	17	17	17	0	0
16	所得税率	%	33/25	25	25	-24.24	0
17	公积金	%	10	10	10	0	0
18	公益金	%	5/未提供	5	5	0	

②二期基础数据比较。二期工程总投资、上网电价、等效满负荷利用小时数、材料费、大修理费分别比可研报告低 40.16%、1.80%、5.10%、25.31%、65.00%；CDM 收益、综合厂用电率、福利费率和公益金因没有可研数据，无法做比较；基准收益率、人均工资和折旧年限分别比可研报告高 60.00%、103.60%、33.33%；增值税率等其他指标均与可研数据相符。

（2）财务效益分析

表 5-39 反映了 LZ 风电场一期、二期盈利能力和偿债能力的指标比较。可研数据来源于 LZ 风电场一期、二期的可行性研究报告，后评价数据根据各年财务报表数据计算得出。在财务内部收益率、财务净现值及投资回收期的计算过程中，LZ 风电场一期、二期 2009—2012 年的数据为实际发生数，之后的年发电量取 2009—2012 年的平均值，不考虑限电情况，因为 L 地区供电环境较好，自风电场投产运营以来，未发生电网限电情况，因此，在预测时不考虑限电情况是合理的。长期贷款的还款方式为等额本金偿还，增值税减半征收，企业所得税享受“两免三减半”政策。

表 5-39 财务效益分析

<table>
<tr><th rowspan="2">分析内容</th><th rowspan="2">报表名称</th><th rowspan="2">评估指标名称</th><th rowspan="2">可研数据（一期/二期）</th><th colspan="2">后评价</th></tr>
<tr><th>一期</th><th>二期</th></tr>
<tr><td rowspan="8">盈利能力分析</td><td rowspan="3">全投资现金流量表</td><td>投资回收期（税后）（年）</td><td>10.09/10.41</td><td>8.69</td><td>9.60</td></tr>
<tr><td>财务内部收益率（税后）（%）</td><td>8.25/8.00</td><td>8.59</td><td>8.31</td></tr>
<tr><td>财务净现值（税后）（万元）</td><td>855/7389.45（21台）</td><td>2048.26</td><td>666.28</td></tr>
<tr><td rowspan="3">自有资金现金流量表</td><td>财务内部收益率（税后）（%）</td><td>10.00/8.04</td><td>12.92</td><td>19.37</td></tr>
<tr><td>财务净现值（税后）（万元）</td><td>0/58</td><td>3109.21</td><td>5354.01</td></tr>
<tr><td>资金利润率（%）</td><td>4.17/4.42</td><td>6.21</td><td>6.21</td></tr>
<tr><td rowspan="2">损益表</td><td>资金利税率（%）</td><td>4.22/4.51</td><td>2.29</td><td>2.29</td></tr>
<tr><td>资本金利润率（%）</td><td>12.19/12.44</td><td>16.48</td><td>18.28</td></tr>
<tr><td rowspan="4">偿债能力分析</td><td>资金来源与运用表</td><td>利息倍付率（%）</td><td>未提供</td><td>209</td><td>209</td></tr>
<tr><td rowspan="3">资产负债表</td><td>资产负债率（%）</td><td>79.00/79.00</td><td>79.18</td><td>79.18</td></tr>
<tr><td>流动比率（%）</td><td>未提供</td><td>82.53</td><td>82.53</td></tr>
<tr><td>速动比率（%）</td><td>未提供</td><td>82.31</td><td>82.31</td></tr>
</table>

①LZ 风电场一期。由表 5-39 中可知，盈利能力方面，LZ 风电场一期项目的投资回收期、资金利税率均低于可研报告；全投资财务内部收益率（税后）、资本金内部收益率（税后）、全投资财务净现值（税后）、资本金财务净现值（税后）、资金利润率及资本金利润率均高于可研报告，并且全投资收益率和资本金收益率分别小于其基准收益率 8% 和 10%。

偿债能力方面，资产负债率基本等于可研要求，其他指标因缺少可研数据，无法做出比较。需要注意的是，一期、二期的资金利税率、资产负债率、流动比率和速动比率均依照项目公司 2012 年 12 月 21 日财务报表计算得出，因此数值相同。

②LZ 风电场二期。LZ 风电场二期项目的投资回收期、资金利税率均小于可研报告，其他盈利能力指标数值均大于可研报告，且全投资内部收益率、资本金内部收益率均高于对应的行业基准利率。

偿债能力方面，资产负债率基本等于可研要求，其他指标因缺少可研数据，无法做出比较。

③LZ 风电场一期、二期比较。从两期的比较（见图 5－29）来看，LZ 风电场二期项目的盈利能力要高于 LZ 风电场一期项目。其中，因 LZ 风电场二期 2009 年和 2010 年没有按可研报告中的计划偿付贷款本金，其资本金内部收益率（19.37%）和财务净现值（5354.01 万元）远高于可研数据（表中设置为 100%）。

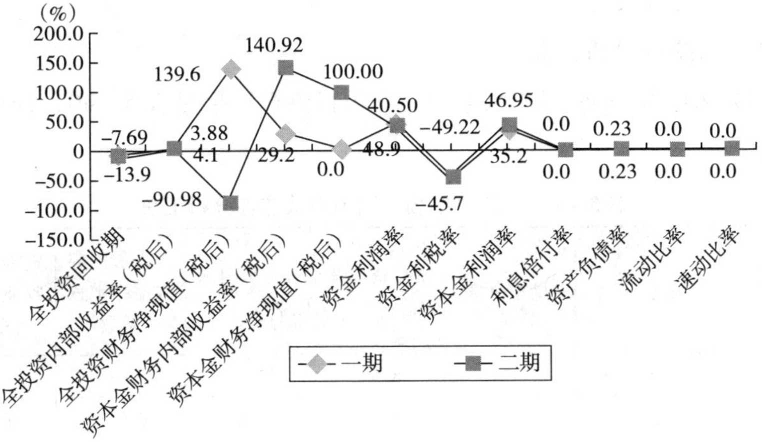

图 5－29　一期、二期实际和可研具体财务效益指标比较

5.2.3.3　外资修正

LZ 风电场的一期和二期项目，及时锁定外汇汇率，利用国家减免税收政策，减免了设备的进口关税，从而降低了风机的采购成本。

5.2.3.4　敏感性分析

敏感性分析是投资项目经济评价中常用的一种研究不确定性的方法。它在确定性分析的基础上，进一步分析不确定性因素对投资项目最终经济效果指标的影响及影响程度。若某参数的小幅变化能导致经济效果指标的较大变化，则称此参数为敏感性因素，反之则称其为非敏感性因素。对于风电场而言，敏感性因素一般选择主要参数，如上网电量、上网电价、经营成本、CDM 收益、初始投资等进行分析。

可利用小时数影响发电收入，在很大程度上决定了未来现金流入的变动。导致现金流出的成本组成中，占比最大的是折旧费和财务费用。由于固定资产原值及其折旧方案是固定的，是确定性因素，长期贷款利率的变动意味着未来财务费用的增减变动，因此两者在很大程度上决定了未来现金流出的变动。因此，本部分选取可利用小时数、长期贷款利率等指标作为主要参数，从2013年将参数按－20%、－15%、－10%、－5%、0、5%、10%、15%、20%正负增长率变动，重新测算项目全投资内部收益率、资本金内部收益率。

（1）敏感性分析汇总

①LZ风电场一期。LZ风电场一期项目测算结果见表5－40，详细变动分析如下。

表5－40　LZ风电场一期项目敏感性分析汇总

序号	敏感参数	变动率（%）	全投资内部收益率（%）	资本金内部收益率（%）	全投资内部收益率敏感系数	资本金内部收益率敏感系数
1	基本方案	0	8.59	12.92	—	—
2	可利用小时数	－20	7.04	8.93	0.078	0.200
		－15	7.45	9.99	0.076	0.195
		－10	7.84	11.01	0.075	0.191
		－5	8.22	11.99	0.074	0.186
		0	8.59	12.92	—	—
		5	8.95	13.82	0.072	0.180
		10	9.30	14.68	0.071	0.176
		15	9.64	15.52	0.070	0.173
		20	9.97	16.32	0.069	0.170
3	长期贷款利率	－20	8.52	13.54	0.004	－0.031
		－15	8.54	13.39	0.003	－0.031
		－10	8.56	13.23	0.003	－0.031
		－5	8.57	13.08	0.004	－0.032
		0	8.59	12.92	—	—

续表

序号	敏感参数	变动率（%）	全投资内部收益率（%）	资本金内部收益率（%）	全投资内部收益率敏感系数	资本金内部收益率敏感系数
3	长期贷款利率	5	8.61	12.77	0.004	-0.030
		10	8.63	12.61	0.004	-0.031
		15	8.65	12.45	0.004	-0.031
		20	8.67	12.30	0.004	-0.031

一期项目全投资内部收益率在可利用小时数和长期贷款利率的 -20% ~20% 的变动率内，分别在 7.04% ~9.97% 和 8.52% ~8.67% 之间变动，对两者的敏感系数均为正，分别在 0.069 ~0.078 和 0.004 左右变动。可见全投资内部投资收益率变动与可利用小时数和长期贷款利率变动均呈正相关，但不敏感。资本金内部收益率在可利用小时数和长期贷款利率的 -20% ~20% 的变动率内，分别在 8.93% ~16.32% 和 12.30% ~13.54% 之间变动；资本金内部投资收益率对可利用小时数的敏感系数为正，呈正相关，并在 0.170 ~0.200 之间变动；资本金内部投资收益率对长期贷款利率的敏感系数为负，呈负相关，并在 0.03 左右波动。

②LZ 风电场二期。LZ 风电场二期项目测算结果见表 5 -41，详细变动分析如下。

表 5 -41　LZ 二期风电项目敏感性分析汇总

	敏感参数	变动率（%）	全投资内部收益率（%）	资本金内部收益率（%）	全投资内部收益率敏感系数	资本金内部收益率敏感系数
1	基本方案	0	8.31	19.37	—	—
2	可利用小时数	-20	6.57	14.80	0.087	0.229
		-15	7.03	16.02	0.085	0.223
		-10	7.47	17.19	0.084	0.218
		-5	7.90	18.30	0.082	0.214
		0	8.31	19.37	—	—
		5	8.71	20.39	0.080	0.204

续表

	敏感参数	变动率（%）	全投资内部收益率（%）	资本金内部收益率（%）	全投资内部收益率敏感系数	资本金内部收益率敏感系数
2	可利用小时数	10	9.10	21.37	0.079	0.200
		15	9.48	22.31	0.078	0.196
		20	9.84	23.21	0.077	0.192
3	长期贷款利率	-20	8.25	20.02	0.003	-0.032
		-15	8.26	19.85	0.003	-0.032
		-10	8.28	19.69	0.003	-0.032
		-5	8.30	19.53	0.002	-0.032
		0	8.31	19.37	—	—
		5	8.33	19.21	0.004	-0.032
		10	8.35	19.05	0.004	-0.032
		15	8.36	18.88	0.003	-0.033
		20	8.38	18.72	0.004	-0.033

二期项目全投资内部收益率在可利用小时数和长期贷款利率的-20%~20%的变动率内，分别在6.57%~9.84%和8.25%~8.38%之间变动，对两者的敏感系数均为正，分别在0.077~0.087和0.002~0.004之间变动。可见全投资内部投资收益率变动与可利用小时数和长期贷款利率变动均呈正相关，但不敏感。资本金内部收益率在可利用小时数和长期贷款利率的-20%~20%的变动率内，分别在14.8%~23.21%和18.72%~20.02%之间变动；资本金内部投资收益率对可利用小时数的敏感系数为正，并在0.192~0.229之间变动；资本金内部投资收益率对长期贷款利率的敏感系数为负，并在0.032左右波动。

（2）详细敏感性分析

①一期项目全投资敏感性分析。一期项目全投资的敏感性分析如表5-42、图5-30所示。可以看出，可利用小时数变动和全投资内部收益率变动呈正相关关系。当长期贷款利率等其他因素不变时，可利用小时数每增加5%，全投资内部收益率约增长0.4个百分点；全投资内部收益

率在可利用小时数降低 10% 后开始低于基准收益率。长期贷款利率变动和全投资内部收益率呈正相关关系。

表 5－42　一期项目全投资敏感性分析　　单位：%

全投资内部收益率（%）		可利用小时数（小时）								
		1668.8	1773.1	1877.4	1981.7	2086	2190.3	2294.6	2398.9	2503.2
长期贷款利率变化	4.72	6.96	7.37	7.77	8.15	8.52	8.88	9.23	9.57	9.90
	5.02	6.98	7.39	7.78	8.17	8.54	8.90	9.24	9.58	9.91
	5.31	7.00	7.41	7.80	8.19	8.56	8.91	9.26	9.60	9.93
	5.61	7.02	7.43	7.82	8.20	8.57	8.93	9.28	9.62	9.95
	5.90	7.04	7.45	7.84	8.22	8.59	8.95	9.30	9.64	9.97
	6.20	7.06	7.47	7.86	8.24	8.61	8.97	9.32	9.65	9.98
	6.49	7.08	7.49	7.88	8.26	8.63	8.99	9.33	9.67	10.00
	6.79	7.10	7.51	7.90	8.28	8.65	9.00	9.35	9.69	10.02
	7.08	7.12	7.53	7.92	8.30	8.67	9.02	9.37	9.71	10.03

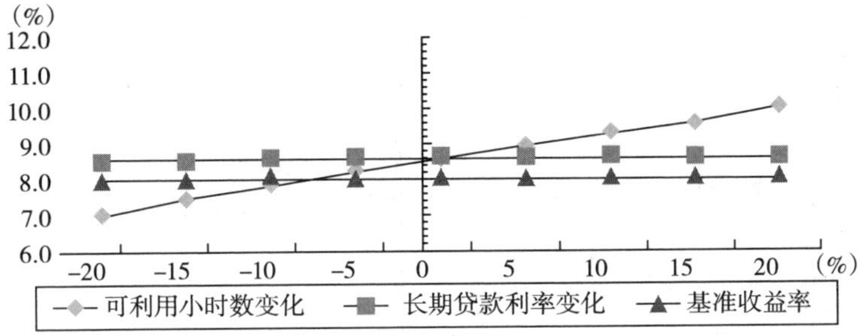

图 5－30　一期项目全投资敏感性分析

②一期项目资本金敏感性分析。一期项目资本金的敏感性分析如表 5－43、图 5－31 所示。可以看出，可利用小时数变动和资本金内部收益率变动呈正相关关系。当长期贷款利率等其他因素不变时，可利用小时数每增加 5%，资本金内部收益率约增长 1 个百分点；资本金内部收益率在可利用小时数降低 15% 后开始低于基准收益率。

可以看出，因利息可以在所得税前扣除，长期贷款利率变动和全投资内部收益率变动呈正相关关系，和资本金内部收益率变动呈负相关关系，且资本金内部收益率对长期贷款利率的变动更为敏感。当可利用小时数等其他因素稳定时，资本金内部收益率在长期贷款利率 -20% ~20% 变动范围内一直高于基准收益率，长期贷款利率每增长 5%，资本金内部收益率约减少 0.15 个百分点。

表 5-43　一期项目资本金敏感性分析

资本金内部收益率（%）		可利用小时数（小时）								
		1668.8	1773.1	1877.4	1981.7	2086.0	2190.3	2294.6	2398.9	2503.2
长期贷款利率变化	4.72	9.60	10.65	11.66	12.62	13.54	14.43	15.28	16.10	16.89
	5.02	9.43	10.49	11.50	12.46	13.39	14.28	15.13	15.95	16.75
	5.31	9.26	10.32	11.33	12.30	13.23	14.12	14.98	15.81	16.60
	5.61	9.10	10.16	11.17	12.14	13.08	13.97	14.83	15.66	16.46
	5.90	8.93	9.99	11.01	11.99	12.92	13.82	14.68	15.52	16.32
	6.20	8.76	9.83	10.85	11.83	12.77	13.67	14.53	15.37	16.17
	6.49	8.59	9.66	10.69	11.67	12.61	13.51	14.38	15.22	16.03
	6.79	8.43	9.50	10.53	11.51	12.45	13.36	14.23	15.08	15.89
	7.08	8.62	9.34	10.36	11.35	12.30	13.21	14.09	14.93	15.74

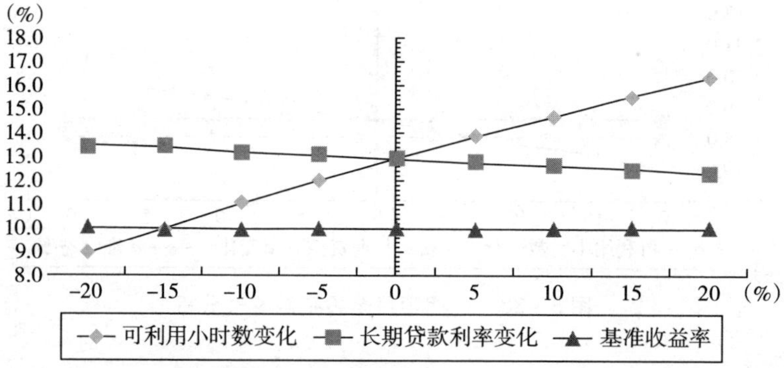

图 5-31　一期项目资本金敏感性分析

③二期项目全投资敏感性分析。二期项目全投资的敏感性分析如表5-44、图5-32所示。可以看出，可利用小时数变动和全投资内部收益率变动呈正相关关系。当长期贷款利率等其他因素不变时，可利用小时数每增加 5%，全投资内部收益率约增长 0.4 个百分点，可变利用小时数变动在 -3% 以上，全投资内部收益率就一直高于基准收益率。

可以看出，长期贷款利率变动和全投资内部收益率呈正相关关系，当可利用小时数等其他因素稳定时，长期贷款利率每增长 5%，全投资内部收益率增加约 0.02 个百分点，并在利率变动范围内一直高于基准收益率。

表 5－44　二期项目全投资敏感性分析

全投资内部收益率（%）		可利用小时数（小时）								
		1526.4	1621.8	1717.2	1812.6	1908.0	2003.4	2098.8	2194.2	2289.6
长期贷款利率变化	4.72	6.49	6.96	7.40	7.83	8.25	8.65	9.04	9.42	9.78
	5.02	6.51	6.97	7.42	7.85	8.26	8.67	9.05	9.43	9.80
	5.31	6.63	6.99	7.44	7.87	8.28	8.68	9.07	9.45	9.81
	5.61	6.55	7.01	7.45	7.88	8.30	8.70	9.08	9.46	9.83
	5.90	6.57	7.03	7.47	7.90	8.31	8.71	9.10	9.48	9.84
	6.20	6.58	7.04	7.49	7.92	8.33	8.73	9.12	9.49	9.86
	6.49	6.60	7.06	7.50	7.93	8.35	8.74	9.13	9.51	9.87
	6.79	6.62	7.08	7.52	7.95	8.36	8.76	9.15	9.52	9.89
	7.08	6.64	7.10	7.54	7.97	8.38	8.78	9.16	9.54	9.90

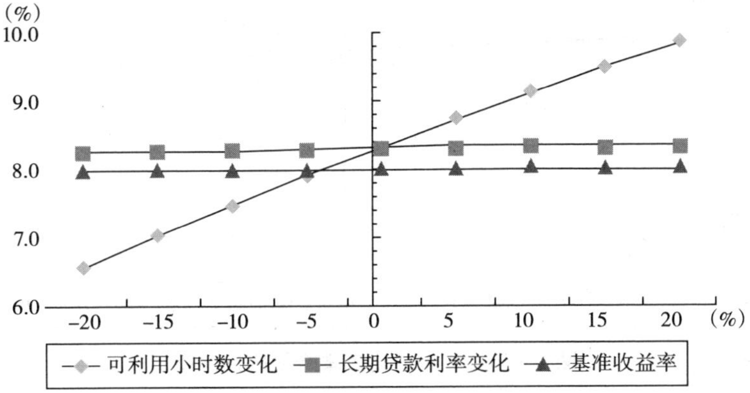

图 5－32　二期项目全投资敏感性分析

④二期项目资本金敏感性分析。二期项目资本金的敏感性分析如表 5－45、图5－33所示。可以看出，可利用小时数变动和资本金内部收益率变动呈正相关关系。当长期贷款利率等其他因素不变时，可利用小时数每增加 5%，资本金内部收益率约增长 1.2 个百分点。

可以看出，资本金内部收益率和长期贷款利率变动呈负相关关系。当可利用小时数等其他因素稳定时，长期贷款利率每增长 5%，资本金内部收益率约减少0.15个百分点，并在长期贷款利率变动范围内一直高于基准收益率。

表5-45 二期项目资本金敏感性分析

资本金内部收益率（%）		可利用小时数（小时）								
		1526.4	1621.8	1717.2	1812.6	1908.0	2003.4	2098.8	2194.2	2289.6
长期贷款利率变化	4.72	15.51	16.72	17.87	18.97	20.02	21.02	21.98	22.90	23.79
	5.02	15.33	16.54	17.70	18.80	19.85	20.86	21.83	22.75	23.64
	5.31	15.16	16.37	17.53	18.63	19.69	20.71	21.67	22.60	23.50
	5.61	14.98	16.19	17.36	18.47	19.53	20.55	21.52	22.46	23.35
	5.90	14.80	16.02	17.19	18.30	19.37	20.39	21.37	22.31	23.21
	6.20	14.62	15.85	17.02	18.14	19.21	20.23	21.21	22.16	23.06
	6.49	14.45	15.67	16.85	17.97	19.05	20.07	21.06	22.01	22.92
	6.79	14.27	15.50	16.68	17.80	18.88	19.92	20.91	21.86	22.77
	7.08	14.10	15.33	16.51	17.64	18.72	19.76	20.75	21.71	22.62

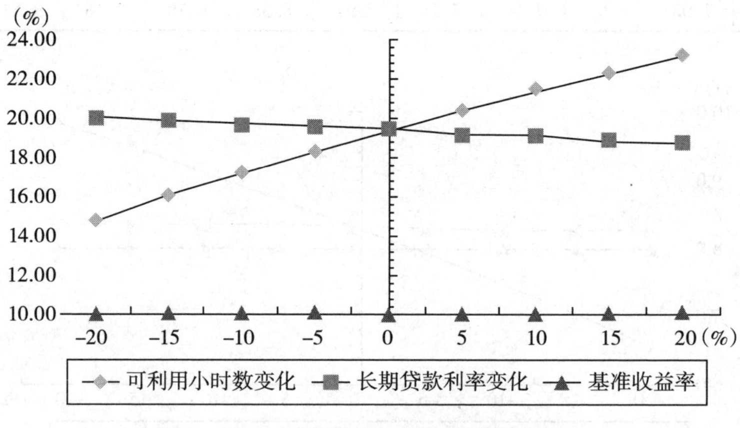

图5-33 二期项目资本金敏感性分析

5.2.3.5 EVA（经济增加值）指标评价

（1）基础数据

净利润、利息收支净额、研究开发费用调整项、非经常性收益调整项、所得税率及调整后资本数据均来自项目公司——DTLZ风力发电有限责任公司2009—2012年的财务报表，需要说明的是，所得税因存在优惠政策，与正常情况不同，详细数据见表5-46。

表5-46 EVA基础数据

年份	净利润（万元）	利息收支净额（万元）	研究开发费用调整项（万元）	所得税率（%）	非经常性收益调整项（万元）	调整后资本数据（万元）
2009	3402338.13	27863349.22	0	25	1294377.59	388164597.05
2010	35529520.02	28314426.59	0	25	9049170.00	869539434.41
2011	15684771.75	34835099.90	0	25	8580055.41	921058669.28
2012	24308756.59	52094953.36	0	25	4571887.53	1046690769.85

平均资本成本率按照DT国际公司统一核算标准，取4.6%。

（2）计算方法

经济增加值=税后净营业利润 - 资本成本

=税后净营业利润 - 调整后资本 × 平均资本成本率

税后净营业利润=净利润+（利息支出+研究开发费用调整项 - 非经常性收益调整项 ×50%）×（1 - 所得税率）

调整后资本 =平均所有者权益+平均负债合计 - 平均无息流动负债-平均在建工程

需要说明的是，平均资本成本率为年度资本成本率，计算资本成本时需要换算成月资本成本率，即除以12。

（3）计算分析

经济增加值根据第（1）项的基础数据和相关数据，依照第（2）项的计算方法得出。

年度经济增加值计算汇总见表5-47。

表5-47 经济增加值计算汇总

年份	年度税后净营业利润（万元）	年度资本成本（万元）	年度经济增加值（万元）	年度累计经济增加值（万元）	年度经济增加值增加率（%）
2009	23814458.45	17855571.46	5958886.99	5958886.99	100.00
2010	53371901.21	39998813.98	13373087.23	19331974.21	224.42
2011	38593575.90	42368698.79	-3775122.89	15556851.33	-19.53
2012	61665513.79	48147775.41	13517738.38	29074589.70	86.89

（4）经济增加值变动曲线

根据表 5－47 绘制出年度累计经济增加值曲线以及年度经济增加值曲线。

①年度累计经济增加值曲线（见图 5－34）。

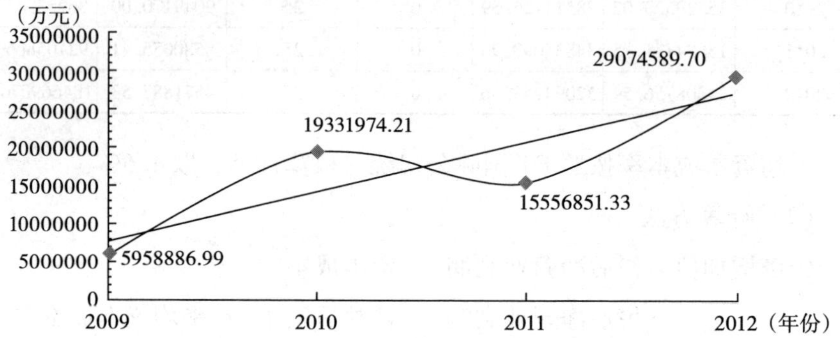

图 5－34　年度累计经济增加值趋势

②年度经济增加值曲线（见图 5－35）

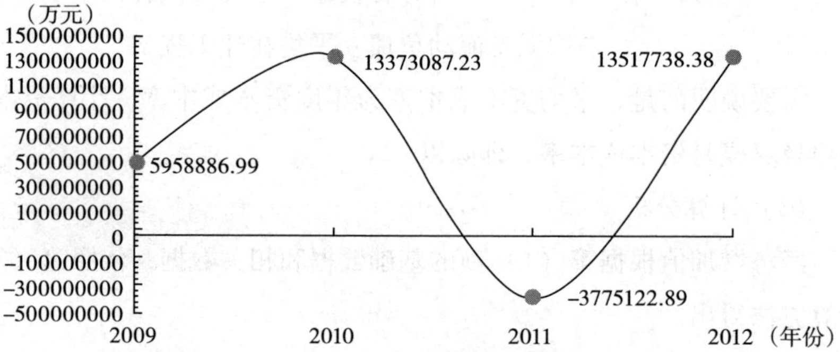

图 5－35　年度经济增加值趋势

（5）经济增加值分析

从图 5－34 中可以看出，年度累计经济增加值大致逐年增加，但从图 5－35 可以看出，经济增加值波动幅度较大，甚至在 2011 年出现了负值，也就是说，企业资产有一定的保值性，但 LZ 风电场的盈利能力不稳定，增值性堪忧。

企业财务报表中将当年燃煤采购费用计入成本，但每年生产实际所消耗煤的费用不同于每年燃煤采购费用，因此在计算经济增加值时，应将当年燃煤实际入炉费用计入营业总成本，以消除煤场存煤对当年经济增加值的影响。

经济增加值2010年显著上升，原因是2010年LZ风电场二期项目机组投产，且二期项目的盈利水平较优，经济增加值增加1倍多。

2011年经济增加值急剧下降，是因为地区装机容量扩增，而当地电网负荷接纳有限，从而限制了风电场上网电量，企业总体主营业务收入下降，加上企业总体成本费用增加，导致净利润下降，其中，二期项目2011年修理费用剧增的影响不容小觑。

从LZ风电场的年度报表中可以看到研究开发费用较低，为零投入，应该加大研究开发投入，有效推动企业的科技创新。同时，建议企业将技改项目投资计列科目调整至企业研发费用中，提高研发费用，进而合理反映企业经济增加值水平。

5.2.3.6 综合评价

由项目财务效益计算结果可知，一期项目总投资财务内部收益率较基准收益率高出约0.6个百分点，资本金财务内部收益率高于行业基准收益率3个百分点，并高于可研数值；二期项目总投资财务内部收益率较基准收益率高出约0.3%，资本金财务内部收益率较行业基准收益率高约9.3个百分点，并均高于可研数值，这主要是2009年和2010年未偿还本金所致。

（1）盈利能力

LZ风电场一期项目的投资回收期、资金利税率均低于可研报告；全投资财务内部收益率、资本金财务内部收益率、全投资财务净现值、资本金财务净现值、资金利润率及资本金利润率均高于可研报告，并且全投资收益率和资本金收益率分别小于其基准收益率8%和10%。LZ风电场二期项目的投资回收期、资金利税率小于可研报告，其他盈利能力指标数值均大于可研报告，且全投资财务内部收益率、资本金财务内部收益率均高于对应的行业基准利率。

（2）偿债能力

LZ 风电场一期项目的资产负债率基本等于可研数据，其他指标因缺少可研数据，无法做比较，仅能粗略分析得知 LZ 风电场一期项目的偿债能力尚佳。二期的资产负债率基本等于可研数据，其他指标因缺少可研数据，无法做比较，仅能粗略分析得知 LZ 风电场二期项目的偿债能力尚佳。

（3）两期比较

比较可见，LZ 风电场二期项目的盈利能力要高于 LZ 风电场一期项目。

（4）企业总体

从企业总体角度看，企业抗风险能力相对较弱；全场 EVA 波动幅度较大，企业资产有一定的保值性，但 LZ 风电场的盈利能力不稳定，增值性堪忧，应对以后项目的可持续发展能力给予足够的重视。

5.2.4 项目影响评价

5.2.4.1 社会经济影响

（1）社会影响

LZ 风电场项目使当地风能资源发电优势得到有效利用，直接供电于当地负荷，有助于减轻省级电网的输电负荷并降低电网损失。这有利于满足区域负荷增长的需求，同时对区域的经济和社会发展产生积极影响。

LZ 风电场项目每年大约上缴税金 1000 万元，有力地支持了国家和地方的财政收入与经济发展。

（2）劳动就业

LZ 风电场项目运营人员较少，直接的劳动就业影响较小，但是在风电建设期间，因项目投资规模较大（约 10 亿元），大大促进了设备厂家和施工企业及上游产业链的人员就业。

（3）拆迁居民生活

LZ 风电场项目周围防护林较多，人迹罕至，拆迁居民极少。风电项目的建设带动了当地的交通建设，使得拆迁居民交通更为便利，同时提高了拆迁居民的经济收入。

（4）产业技术进步

LZ 风电场项目采用国外直磁驱机组，引入了先进的直驱技术。

5.2.4.2　环境影响评价

（1）项目概况

LZ 风电场位于山东省 L 市西北部，距 L 市约 20 千米。风电场规划范围为沿 L 市防潮堤一坝区、二坝区、三坝区、四坝区沿海地带，并向内陆扩展约 1 千米，向海域扩展 1 千米。LZ 风电场地势平坦，海拔高度小于 2 米。风电场地范围内为未利用土地，成片布置着盐池和盐场，植被稀少，野生动物较少。

该建设项目符合国家产业政策、所在地城市规划以及清洁生产要求，有效实施了相关的污染防治和生态保护措施，能够满足环保要求。

（2）环境影响

水土流失。根据工程布置、水土流失特点，LZ 风电场项目进行了土地整治，在施工过程中对土方采用遮盖等预防风蚀措施。场内道路铺碎石，道路两边做好护坡处理，对施工用便道采取洒水灭灰措施，防止扬尘。升压站区域完成土地整治后，设围墙和排水系统。区域内植被在施工结束后高效恢复，同时升压站内实现绿化治理。总体而言，实现了防治水土流失、保护生态环境的目标。

经测算，距离风机 500 米处的噪声为 41 分贝，与当地环境背景噪声值叠加小于《城市区域环境噪声标准》中的 2 类标准，工程周围 500 米内无村庄等敏感点，不会对周围环境产生大的影响。

风电场在施工建设期间，对生产垃圾进行集中收集，统一处理；对在此期间产生的生活垃圾也进行集中收集，定期运至 L 市垃圾处理厂统一处置。生活污水收集后，经化粪池处理，定期由环保部门运走。

风力发电场运行产生电磁辐射强度较低，远离居民区，未对居民健康造成影响。风力发电机旋转叶片反射电磁波可能会对电视、无线通信、导航、电台造成干扰，调查项目所在范围内居民得知，目前项目运行未对当地无线电、电视等电气设备造成影响。

风电场场址不在夜间迁徙候鸟近地面通过的地方，无鸟类自然保护区，造成鸟类、风机碰撞事件概率小，施工建设未影响区域鸟类。

（3）环境效益

截至2012年8月，一期、二期风电场共发电54634.5万千瓦·时，与相同容量的火电机组相比，节约标准煤16.66万吨、水约35.39万吨，相应地，每年可减少向大气排放二氧化碳约33.46万吨、二氧化硫约390吨、氮氧化物约1026吨、烟尘约106吨，减少灰渣约2.65万吨，为当地经济的可持续发展做出了贡献。

风机安置于有风开阔区域，因此安装后的风机更加显眼，可以看到数排约60米高、延伸约数千米长的白色风力发电机组整齐排列，形成壮观的场景。为了使风电场更好地与当地的自然景观和传统建筑相协调，公司在选择风力发电机组时特别注意各个机组的转向、颜色和机型尽量一致，为当地的旅游业增添了新的景观。

5.2.5 项目持续性评价

5.2.5.1 外部因素

（1）政策法规

风力发电项目符合国家环保、电力、能源相关法律法规及产业政策的规定和要求，是我国电力发展规划、国家鼓励建设的电力项目，由于其是清洁、绿色的可再生能源发电，对降低我国一次能源消费量、调节产业结构、实现经济可持续发展起着重要作用。

在“十一五”规划初期，中国制定了风电发展目标，主要内容包括：到2010年装机容量达到500万千瓦，发电量达到105亿千瓦·时；到2015年，全国风电装机容量达到1500万千瓦；到2020年，达到30000兆瓦。然而，从2005年开始，中国的风电总装机容量连续5年翻番增长，截至2010年底，全年新增风电装机容量达到16000兆瓦，累计装机容量首次超过美国，跃居世界第一位。在这个高速发展的过程中，风电行业面临着投资过热、产能过剩和质量不高等问题，这些问题阻碍了行业的发展。

2011 年 5 月，国家能源局提出了一些新的方向。首先，在风电发展方向上，过去强调建设大型风电基地并将其融入大电网以促进规模化发展，现在更加关注支持资源相对不丰富的地区，如云南、安徽、湖北、湖南、山东、山西、重庆、贵州、西藏和四川等，发展适合低风速地区的风电场，并提倡分散式发展。其次，在发展模式上，未来风电发展将更加科学和精细化。以前风电场中的所有风机机型通常是一样的，现在将根据当地地形等因素进行个性化定制，以更有效地利用资源；以前政府的支持重点在于电网建设，现在重点将转向对风电厂的运行提出更高要求。

在"十二五"规划纲要草案中，新增了非化石能源占一次能源消费的比重、单位国内生产总值二氧化碳排放量等多个节能减排的约束性指标，同时细化了原有的主要污染排放指标。未来 10 年，中国将致力于调整以煤为主的能源结构，增加清洁能源比重，将非化石能源占一次能源消费总量的比重从 2010 年的 8.3% 提高到 2015 年的 11.4%，并最终在 2020 年实现向国际承诺的 15% 比重。因此，未来 10 年风力发电的可持续性较好。

（2）资源条件

LZ 风电场所在地风资源丰富，从 2008—2010 年全场风机可用率、等效满负荷利用小时数、上网电量等经济性指标来看，随着时间的推移，各项指标呈上升趋势。从地理位置、地质、风资源等方面来看，扩建和可持续性发展趋势较好，但是唯一的 66 千伏线路如得不到扩充，将限制其扩建能力。

5.2.5.2　内部因素

（1）市场竞争能力评价

风力发电是可再生能源发电中最有竞争力、技术相对成熟的发电技术，享受可再生能源发电电价补贴，并申请到了 CDM，市场竞争力较强。

（2）技术水平

该项目风电机组投运以来，设备可靠性较高，可以满足长期稳定运行的需要。

(3) 管理制度与激励制度

公司的管理制度、激励制度、绩效考核机制等都比较健全，为了充分发挥相关制度的作用，公司还应加大实施力度，保证制度落实到位、责任落实到人，充分发挥良好的企业文化和管理制度的作用，为企业的可持续发展提供坚实的群众基础和制度保障。

5.2.5.3 持续性评价

LZ 风电场的建设符合国家政策法规，是今后国家调整产业结构的主要组成部分之一，且当地风能资源丰富，企业生产经营内外部条件具备，可以持续稳定经营，但是送出线路没有余量，可以通过扩建线路，提高公司盈利能力，以更好地达到持续稳定发展的目的。

项目在决策阶段提出大规模建设风力发电机组，增加 DT 集团可再生能源风电占总风电装机容量的比例，开拓、建设和发展绿色、低碳、节能环保的风电项目，产生较大的社会效益和经济效益。该决策较有开拓和创新性。项目实施基本顺利，运行全过程安全稳定，相关经济性指标完成情况良好，项目基本成功。

从未来发展看，风电符合国家产业政策，是今后我国可再生能源战略的主要方向，LZ 地区风力资源丰富，可以考虑扩建；企业拥有一套完善的管理机构和规章制度，形成了较好的企业管理理念，企业经营状况良好，但专业技术队伍仍需进一步加强，特别是检修队伍专业水平和能力有待进一步提高；经过相关经济指标的分析和预测，该企业抗风险能力和盈利能力有待加强，经济效益、社会效益将会平稳上升。

第6章　光伏工程项目后评价实证分析
——DTSZLM光伏工程项目后评价

6.1　项目概况

6.1.1　项目基本情况

（1）工程概况

该光伏项目装机容量为20峰值兆瓦，光伏组件沿该区域山梁南侧的缓坡以36度固定倾角朝南向阳布置。场区东、西长约2.1千米，南、北宽约1.5千米，共计用地52.00公顷。光伏电站场区东侧距蓬勃峪村560米，西侧距东庄村1.2千米。场区中心坐标为东经112°8′53″、北纬39°19′42″，高程为1700～1960米。

（2）太阳能资源

该省位于中国的黄土高原地区，地理范围南、北长约550千米，东、西宽约290千米，地势复杂，山区和丘陵地形占据全省总面积的86%。该省属于中纬度大陆性季风气候区，具有较长的日照时间和丰富的总辐射量。

该省光能资源非常丰富。在全国范围内，除了青藏高原和西北地区，该省所在的华北地区被认为是一个光能资源高值区域。全省年平均日照时数为2200～3000小时，年平均日照百分比达到51.67%。其中，大部分地区全年日照时数超过2600小时，大约有1/3的地区甚至超过2800小时，属于日照充足的地区。一年中，5月和6月的日照时数最多，北部地区的平均月日照时数达到270~290小时，南部地区一般为230~260小时；11月是该省大部分地区日照时数最少的月份，通常在200小时以下；7月和8月正值雨季，云量较多，导致日照时数相对较少。

综合考虑太阳能辐射数据、日照时数观测数据及相关模拟数据，可以得出结论。该项目所在地属于中国第二类太阳能资源区域。从太阳能资源利用的角度来看，该地区非常适合建设太阳能光伏电站。根据对项目场地太阳能资源的分析结果，站址所在地修正后的年太阳能总辐射量为1397千焦耳/平方米，属于太阳能资源丰富程度为2级的地区，非常适宜建设并网发电项目。

（3）光伏发电系统及太阳能电池组技术参数

本项目包括20个独立的、容量均为1.0峰值兆瓦的子系统，各子系统均布置1套升压—逆变单元。

每个1峰值兆瓦的光伏发电子系统由多晶硅光伏组件阵列构成，采用36度朝南固定安装方式。每个光伏组件的尺寸为1650毫米×992毫米×40毫米，整个项目内共布置了76923个组件。这些组件被安装在支架上，每串太阳电池组件支架安装在8个支墩上，支墩为直径25毫米的圆形，埋深15米，露出地面约0.3米。支架通过“L”形连接件与基础上的地脚螺栓连接，使组件离地至少400毫米。

在光伏电场内，还设置了逆变器室和箱式升压变。每个1峰值兆瓦子系统的中部区域设有1个逆变器室和1座箱式升压变，共有20个逆变器室和20座箱式升压变分布在整个光伏电场中，它们都采用了自然地基浅基础。逆变器室内包括25台40千瓦逆变器，以及相关的直流配电柜、交流柜等设备，每间逆变器室占地面积为62平方米。箱式升压变位于逆变器室附近的室外区域，每台35千伏的箱式升压变容量为1000千伏安，占地面积约为12平方米。

表6-1为太阳能电池组件技术参数。

表6-1 太阳能电池组件技术参数

指标	参数
峰值功率（瓦）	265
开路电压（伏）	38.52
短路电流（安）	91.3
峰值电压（伏）	30.78
峰值电流（安）	8.61
峰值功率温度系数（%/℃）	-0.41
开路电压温度系数（%/℃）	-0.33
短路电流温度系数（%/℃）	0.059
功率误差范围（瓦）	0 ~5
表面最大承压（帕）	5400
接线盒类型	IP67
配套接插件型号规格	MC-4 连接器
电池组件效率（%）	16.21
尺寸（毫米）	1650×991×40
重量（千克）	18.2
工作温度（摄氏度）	-40~85
十年功率衰降（%）	10

（4）项目核准批复投产时间

2015年7月24日，项目所在省发展改革委批复同意该项目备案；2015年9月6日，省电力公司印发文件同意接入该省电网。

该项目于2015年11月22日开始检修道路施工，2016年3月26日开始桩基础施工，2016年6月24日光伏全部区域送电。

6.1.2 项目立项背景

石油和煤炭等不可再生资源的储量有限，由于过度开发面临枯竭，因此对新能源的开发已经成为一项战略性的任务。风能、太阳能、潮汐能等新能源在未来将成为大规模开发的能源种类。太阳能作为可再生能源之一，具有“取之不尽、用之不竭”的特点。积极开发太阳能，实现能源多元化，减轻对有限矿物能源的依赖，已经成为我国能源发展战略的重要举措之一。光伏电站的建设不仅可以节约大量燃料和水资源，还有助于构建太阳能发电基地，改善能源结构。

太阳能是一种清洁的可再生能源，其开发符合国家环保和节能政策。光伏电站的建设有助于有效减少传统能源，特别是煤炭资源的消耗，从而保护生态环境。此外，光伏电站的阵列可以吸收和遮挡太阳光线，从而降低地表温度，减少地表蒸发，有利于植物的生长和生存。同时，光伏组件的冲洗水流入地面后也可以为植物提供水分。

在电力市场方面，由于项目所在省份的风电就地消纳能力有限，需要依赖强大的电网将电力输送出省。电网特高压建设为风电外送提供了重要机会，促进了电力市场的发展。2017—2018 年，该省将建设 4 项特高压交流工程和 5 项特高压直流工程，这将为该省的电力外送开辟广阔天地。该光伏项目的运营可以为该电网源源不断地输送绿色清洁能源，以提高电网的供电能力。

6.1.3 项目实施进度

工程于 2015 年 12 月 29 日获得集团公司开工批复，2016 年 1 月开工建设，2016 年 6 月 24 日并网发电，施工进度完全符合计划进度。

6.1.4 项目投资

核准投资。2015 年 7 月 24 日，本项目取得省发展改革委核准批复，总投资 18000 万元。

可研设计概算。根据某电力勘测设计有限公司 2015 年 7 月出版的研究报告，本项目动态总投资为 18849.59 万元（其中建设期利息 396.67 万元），单位造价为 9424 元/千瓦。

总结算。根据公司 2017 年 7 月 5 日印发的文件，本项目审定总结算动态投资为 17710 万元，单位造价为 8855 元/千瓦，相比批复的执行概算节余 290 万元。

竣工决算。本项目竣工决算正在编制中。

6.1.5　项目资本情况

2015 年 12 月 29 日该公司发布文件，批复总投资 17809 万元。资金 2015 年到位 1286 万元，2016 年到位 1286 万元，2017 年到位 876 万元，共计资本金 3448 万元。项目没有进行融资，主要建设资金为 DT 新能源公司拨付的资本金，以及自有的经营资金。光伏项目建设周期短，工程质保金为光伏电费流入。每年节约财务费用按照目前基准利率计算，约为 550 万元（见表 6－2）。

表 6－2　光伏项目投资资金　　单位：万元

序号	类别	来源	批复计划			实际到位		
			第 1 年	第 2 年	……	第 1 年	第 2 年	……
1	资本金	DT 新能源公司	1286	1286	876	1286	1286	876
		……						
		小计	1286	1286	876	1286	1286	876
2	项目融资	银行汇票	0	0		0	0	
		银行 B						
		……						
		小计	0	0		0	0	
3	其他	A						
		B						
		……						
		小计						
		合计	1286	1286	876	1286	1286	876

6.1.6　项目运行及经济效益

项目于 2016 年 6 月投产发电，截至 2017 年 12 月，累计发电量为 5127.88 万千瓦·时，累计利用小时数为 3413 小时。上网电价即国家太阳能上网电价为 950 元/兆瓦·时，累计实现发电销售收入为 3276.57 万元，累计实现利润总额为2047.47万元。

总成本费用分析依据项目运行后的实际财务情况成本数据得到，成本费用具体情况如表6-3所示。

表6-3　光伏项目生产成本及财务费用　　单位：万元

项目	2016年（10—12月）	2017年
材料费	0	0
人工成本	0	0
折旧费	101.18	607.06
修理费	0	0
财务费用	0	0
其他费用	88.06	85.31
主营成本	189.23	891.09
主营业务收入	615.72	2660.85
利润总额	426.49	1620.98

6.2　技术评价

6.2.1　太阳能资源和选择

（1）太阳能资源

根据项目所在地区的气象数据，该地区的年总辐射值一般在1500千瓦·时/平方米以上，年日照时数一般在2600小时以上。这表明该光伏项目所在地区属于高值太阳能资源区域，太阳能资源非常丰富。

（2）区域建设条件

项目所在地总体地势是西北高、东南低，海拔高程为1870～1970米，山顶平坦，地面受到强烈侵蚀切割，区内沟壑纵横。山间沟谷两侧分布黄土，厚度为10～30米，分布不连续。场区内植被较好，局部地区岩石裸露，主要露出的地层为古生界奥陶系下统亮甲山组（O11），第四系松散覆盖层主要为第四系全新统风积层（Q4eol）。

场区属中低山地貌类型，山顶呈浑圆状。光伏场区不存在滑坡、危岩和崩塌等不良地质作用；没有发生泥石流的条件，无采空区，无大面积大量开采地下水和地面沉降现象，场地及地基土层为不液化土层，无地震液化可能。场地总体属稳定性较好场地。

6.2.2 工程地质

厂区地下水形成、分布、运动规律严格受地质构造、地貌、岩性、古地理和气候等因素的综合控制，据调查，工作区一带无地表水。

拟建光伏电场区及周边范围内，地下水主要分布在河谷、洼地第四系孔隙潜水区水文地质单元中，含水层由第四系洪冲积含砾中细砂及砂砾石构成。本次在光伏电场区外侧的L镇勒马沟进行了地下水位调查，据调查，本区地下水位埋深为5.0 ~8.0米，且涌水量很小，历史上多次出现村民饮水困难问题。

工作区地下水的补给主要为大气降水及邻区侧向补给，地下水的排泄主要为径流排泄及少量人工开采。

本次勘察取水样1组，根据室内检测结果，pH为7.7，矿化度为0.690克/升，总硬度为29.57度，地下水化学类型为HCO_3-Ca型。

拟建光伏电场区地下水埋藏深度大，大于20米，地下水对光伏支架基础结构及工程建设无不良作用。

6.2.3 光伏电池和逆变器选型

（1）光伏电池种类选择

①光伏电池分类。

光伏电池将太阳的光能直接转化为电能的基本单元。这些电池通过组合形成电池组件，电池的光伏性能则决定了电池组件的发电特性。因此，电池组件被视为光伏电站的基本发电设备。

随着光伏技术的不断发展，光伏电池的种类越来越多，性能也各有特点。根据其用途，光伏电池可以分为商业应用、示范性应用两大类。商用太阳能电池主要包括单晶硅电池、多晶硅电池、非晶硅电池、碲化镉电池、铜铟镓硒电池五种类型。有关太阳能电池组件的详细信息，参见表6-4。

②电池选型

a. 选型分析（见表6-4）。

表6-4 太阳能电池组件比较

电池种类	晶硅类		薄膜类		
	单晶硅	多晶硅	非晶硅	碲化镉	铜铟镓硒
商用效率（%）	16~20	14~17	5~8	5~8	5~8
实验室效率（%）	25	21	12.8	16.4	19.5
使用寿命（年）	25	25	25	25	25
组件层厚度	厚层	厚层	薄层	薄层	薄层
规模生产	已形成	已形成	已形成	已形成	已证明可行
能量偿还时间（年）	2~3	2~3	1~2	1~2	1~2
主要原材料	硅	硅	材料多样	镉有剧毒	铟和硒是昂贵稀有金属
生产成本	高	较高	较低	相对较低	相对较低
主要优点	效率高 技术成熟	效率较高 技术成熟	弱光效应好 成本较低	弱光效应好 成本较低	弱光效应好 成本较低

b. 选型建议。

项目选用的是多晶硅光伏组件。

光伏发电系统以光伏组件为核心，其各项性能参数直接影响整个光伏发电系统的发电性能。光伏组件的性能参数包括标准测试条件下的峰值功率、峰值电流、峰值电压、短路电流、组件效率、开路电压温度系数、峰值功率温度系数等。多晶硅光伏组件功率规格广泛，从5峰值瓦特到310峰值瓦特不等，国内有多家厂商生产，并且被广泛应用。由于本项目的装机容量为20峰值兆瓦，需要大量的光伏组件，因此优先选择大功率的光伏组件，以缩小占地面积，减少组件的安装数量。这不仅可以加快施工进度、降低故障率，还能减小接触电阻、降低线缆用量，从而降低整个系统的能量损失。

（2）逆变器选型

并网型逆变器选择在考虑过/欠电压、过/欠频率、防孤岛效应、短路保护等的同时，要确保逆变器的电压（电流）总谐波畸变率满足国际规定，对电网干扰弱。整体系统使用多组逆变器，各逆变器均具备最大功率自动跟踪功能，且能够根据太阳能组件接收功率，以最经济的方式自动识别投入运行，确保光伏系统的高效运行。这样的设计能够提高系统的稳定性和电网互连性，同时降低了电网的负担，符合国际标准和规定的要求。

通过对逆变器产品的考察，将各厂家的逆变器进行数据对比，如表6-5所示。

表6-5　逆变器技术参数比较

逆变器厂家	A	B	C	D	E
推荐的最大功率（千瓦）	60	50	40	30	20
绝对最大输入电压（千伏）	1000	1000	1000	1000	1000
MPPT输入电压范围（V）	550~950	300~950	250~950	280~950	280~950
峰值效率（%）	99.0	98.9	98.8	98.3	98.0
欧洲效率（%）	98.7	98.5	98.1	98.0	97.3
额定交流输出功率（千瓦）	60	50	40	30	20
最大输出电流（安）	96	80	53	48	33
额定电网电压（Vac）	230/400	230/400	277/480	230/400	230/400
额定交流频率（Hz）	50/60	50/60	50/60	50/60	50/60
防护等级	IP65	IP65	IP65	IP65	IP65
功率因数（$\cos\varphi$）	>0.99	>0.99	>0.99	>0.99	>0.99
电流波形畸变率（额定功率）（%）	<3	<3	<3	<3	<3

通过上述比较，可看出各厂家提供的逆变器技术参数均符合《国家电网公司光伏电站接入电网技术规定》的要求。此外，绝对最大输入电压和MPPT输入电压范围差异较小。逆变器效率和输出电流随着额定交流输出功率的增加而增加，表明不同厂家逆变器均满足技术规定，具有较好的性能，可以满足项目的要求。本项目容量为20峰值兆瓦，拟用效率较高、MPPT输入电压范围较宽的C厂家的逆变器，但最终采用了华为SUN2000

逆变器。

6.2.4 电气系统

（1）升压站

LM 光伏电站利用 LM 风电场现有的一号主变（容量 120 兆伏安），不新建和改造现有主变。本项目拟依托的 DT 新能源 LM 风电场工程概况如下。

①风电场工程基本情况。公司在本市某镇投资建设 LM 风电场工程，总规划装机容量为 400 兆瓦，其中，一期工程与二期工程装机容量均为 49.5 兆瓦（一期工程配套建设一座 220 千伏升压站，规划建设 1 台容量为 120 兆伏安的主变），三期装机容量为 199.5 兆瓦（依托一期工程的 220 千伏升压站，新增 2 台容量为 120 兆伏安的主变）。

目前，风电场一期、二期工程（包括配套建设的 220 千伏升压站）已建设完成，并于 2013 年 9 月 17 日通过了 S 市环境保护局的竣工环境保护验收，现已并网发电；三期工程的环评报告已取得省环境保护厅的批复文件，规划建设的工程内容已开工建设。

②本项目同风电场工程的依托关系。本光伏发电项目位于该风电场三期工程的南部区域内，光伏组件沿风机所在山梁的南侧缓坡地带向阳布置。

③本光伏发电项目主要依托风电场一期工程的 220 千伏升压站和三期工程的部分检修道路，具体依托关系如下。

a. 升压站。根据风电场升压站的实际运行情况，该风电场 220 千伏升压站 1 号 120 兆伏安的主变主要负责接入 LM 风电场一期（49.5 兆瓦）和二期（49.5 兆瓦）工程，额定可接入的发电规模为 99 兆瓦，考虑实际风电不可能满负荷运行，且即使在一期、二期风电满负荷运行的条件下，主变仍有 21 兆伏安的余量，因此，可研设计为本光伏电站（20 峰值兆瓦）完全利用 LM 风电场 220 千伏升压站现有的 1 号主变，不再新建或改造，仅需将风电场升压站 35 千伏配电室的 I 段母线分段柜改为光伏进线柜 1，

Ⅱ段母线的隔离柜改为光伏进线柜 2，每段母线分别接入 10 兆瓦的光伏发电容量，升压站即可满足本项目接入要求。

风电场一期、二期和三期规划总定员 35 人。考虑光伏电站管理和运行维护人员同 LM 风电场共用一套班子，由风电场工作人员对本光伏电站进行统筹管理，因此，本项目不再新增定员。

b. 三期工程的部分检修道路。本光伏电站各太阳能光伏组件均位于风电场三期工程的风机所在山梁的南坡侧，因此，进站道路以及各光伏分区之间的连接道路部分利用 LM 风电场三期工程建设的检修道路。

（2）集电线路

各太阳能发电子系统的直流输出电缆是沿着太阳能电池组件的安装支架直接敷设的。这些子系统汇集的直流电经过逆变器转换成 480 伏交流电，接着通过箱式变压器升压至 35 千伏电压，然后通过 2 回 35 千伏电缆接入已建立的 LM 风电场 220 千伏升压站。

主电缆采用直埋方式敷设，总长度约为 4.4 千米，而电缆沟的长度约为 200 米。这一电缆敷设方案有助于有效地输送太阳能发电系统产生的电能，并将其接入电网系统。

6.2.5　环境影响

（1）环境保护及环境影响

项目不新增定员，生产过程中无废气、废水以及生活垃圾的排放；项目产生的噪声经一系列控制措施处理后对厂界的贡献值可满足相应标准要求。

项目施工期间采取了一系列生态保护和水土保持措施，施工对评价区生态环境影响减轻、对土壤侵蚀减少。项目建成后，受扰动区域植被及时得到恢复。电站运行期间，其对区域生态环境的影响也被认为是轻微的。

因此，综合考虑项目的施工和运行阶段，项目对站址所在区域的环境质量影响程度是轻微的，建成后，环境质量将基本维持现状。

（2）水土保持

①施工期。工程占地为集体未利用地，属于植被脆弱区，植被分布

少，在施工过程扰动地表，造成水土流失。

②运行期。现场检查发现电站运行期间水土流失严重，杂草过多；光伏区域道路不平，没有进行覆土平整。

施工期间，工程影响区域生态环境。例如土石方填挖工程，包括光伏阵列支架基础施工、箱式变基础施工及生活办公楼基础施工等，涉及土石方并伴随施工机械和人员活动，从而导致土壤扰动。这会产生大量的扬尘，破坏山体稳定，增加土壤侵蚀和水土流失的风险。

项目建设阶段涉及水土流失区域包括光伏阵列区、道路区，以及施工生产生活区、临时道路、弃渣场等临时占用的区域。电站建设施工和运行可能对周围村庄、植被等产生直接危害的区域称为直接影响区，以电站围墙外2米为直接影响区为计算原则。

运行期间，项目基本不会导致水土流失，但在施工期间对光伏区的道路进行覆土平整，可能会导致杂草过多和水土流失严重。

为了防止水土流失问题，项目采取了多种水土保持措施，包括工程措施、植物措施、临时措施和管理措施。工程措施包括表土清理和覆土平整。植物措施包括播撒耐旱草籽和加强绿化。临时措施包括排水、拦挡和遮盖等防护措施。管理措施包括施工时序和施工安排的合理规划，以及对施工生产生活区空地的洒水降尘等。

这些综合防护措施有助于减轻工程施工对生态环境的不利影响，降低水土流失风险，并保护周围区域的环境。

6.2.6 全厂综合性能指标评价

（1）设计阶段

根据设计阶段主要技术指标对比表，全场发电量、利用小时数等指标均高于该区域和国内平均水平，可研技术指标与实际相差幅度不大。

（2）运营阶段

①发电量评价。光伏电站于2016年6月24日并网发电，2017年，发电量完成3428.57万千瓦·时，等效利用小时数为1714.28小时。光伏电

站投产至 2017 年 12 月 31 日的生产指标如表 6－6 所示。

表 6－6　光伏电站生产指标

年份	发电量（万千瓦·时）	上网电量（万千瓦·时）	等效利用小时数（小时）	风机可利用率（%）	平均风速（m/s）
2016	241.54	234.78	120.77	—	—
2017	3428.57	3277.05	1714.28	—	—

2017 年影响光伏电场电量的因素主要为设备故障。具体情况如表 6－7 所示。

表 6－7　光伏电场电量影响因素　　单位：万千瓦·时

年份	设备原因	外部因素	合计
2016	—	—	—
2017	39.13	0	39.13
累计			39.13

②缺陷评价（见表 6－8～表 6－10）。

表 6－8　绝缘阻抗低

序号	故障机组
1	1 单元 22 号逆变器 05、06 号组串直流接地
2	1 单元 28 号逆变器 01 号组串直流接地
3	2 单元 19 号逆变器 02 号组串直流接地
4	3 单元 19 号逆变器 01 号组串无电流
5	3 单元 32 号逆变器
6	5 单元 20 号逆变器 01 号组串无电流
7	09 单元 06 号逆变器
8	09 单元 13 号逆变器
9	10 单元 8 号逆变器 02、04、05、06 号组串直流接地
10	10 单元 32 号逆变器
11	10 单元 18 号逆变器
12	11 单元 17 号逆变器 04 号组串与逆变器连接处接头断裂（无电流）
13	13 单元 02 号逆变器 02 号组串接地（无电流）
14	13 单元 07 号逆变器 02 号组串接地（无电流）

续表

序号	故障机组
15	13 单元 17 号逆变器 05 号组串接地（无电流）
16	13 单元 10 号逆变器 02、03、04、05 号组串（无电流，时好时坏）
17	13 单元 12 号逆变器 02、03、04、05 号组串（无电流，时好时坏）
18	18 单元 06 号逆变器 02 号组串直流接地
19	16 单元 03 号逆变器 01、04 号组串（无电流）
20	19 单元 0 号逆变器 03 号组串（无电流）

表 6 –9　电网电压异常

序号	故障机组
1	13 单元 04 号逆变器
2	13 单元 05 号逆变器
3	13 单元 07 号逆变器
4	13 单元 10 号逆变器
5	13 单元 12 号逆变器
6	13 单元 16 号逆变器
7	13 单元 28 号逆变器
8	06 单元 21 号逆变器
9	19 单元 01 号逆变器
10	19 单元 12 号逆变器
11	19 单元 15 号逆变器
12	19 单元 16 号逆变器
13	19 单元 17 号逆变器
14	20 单元 13 号逆变器
15	20 单元 16 号逆变器
16	20 单元 17 号逆变器
17	20 单元 20 号逆变器

表 6 –10　箱式变压器测控装置异常

序号	故障机组
1	11 号箱变显示断路器高低压侧断开，各项数据为零
2	12 号箱变显示断路器高低压侧断开，各项数据为零

续表

序号	故障机组
3	13号箱变：误报油位低故障
4	14号箱变：误报高压侧断开
5	18号箱变：误报高压侧熔断器熔断
6	19号箱变：误报高压侧断开
7	20号箱变：12月误报油温高导致箱变低压侧跳闸

a. 视频监控问题。视频监控未标明监控区号，无法确定所监控画面的位置；监控覆盖不全面，未监控所有单元；故障较多，共有10个监控点摄像头出现故障。

b. 监控系统硬件问题。光伏电站监控系统工作站品牌为HP，系统为Windows7。按电力二次网络安防要求，生产区硬件应为国产品牌，系统应为安全系统。

c. 巡视发现问题详情见表6－11。

表6－11　巡视发现问题

序号	发现问题
1	第1区：区内雨水冲刷严重、门口电缆外露
2	第2区：道路需修理
3	第3区：大门主轴断裂，大门损坏
4	第4区：大门断裂
5	第5区：大门上标识牌丢失
6	第6区：箱变无标识牌，5号汇流箱29号逆变器附件约百米电缆裸露
7	第7区：区内雨水冲刷严重
8	第8区：箱变无标识牌，箱变下方露电缆，箱变基础未回填
9	第9区：04号组串16号逆变器附近地基下陷严重，围栏桩基础裸露较多
10	第12区：箱变下方露电缆，区内雨水冲刷严重，西侧围栏损坏，监控未接线，箱变附件塌陷较多
11	第13区：道路需修理
12	第14区：3号汇流箱接地线脱落，箱变标识牌丢失
13	第15区：区内雨水冲刷严重
14	第16区：02号汇流箱10号逆变器附近围栏丢失一块，监控附近缺围栏

续表

序号	发现问题
15	第 17 区：箱变加热器不工作
16	第 18 区：02 号汇流箱附近围栏有坑洞

各区域门锁及锁链需更换，区域门需加固。区域内雨水冲刷严重。检修道路因雨水冲刷损毁严重，其中 1 区、2 区、4 区、5 区、10 区、12 区、16 区、17 区、18 区车辆无法通行，日常检修需依靠步行。3 区、7 区、13A 区、15 区路况较差，车辆通行危险性较大。

6.3 管理评价

6.3.1 前期管理

（1）合规合法性

该光伏项目各项工作均按照国家和集团公司的基本建设程序进行，项目前期工作报批手续基本完备，决策和实施过程符合国家相关规定。项目的土地预审、环保审批及初步设计批复等手续基本齐备，履行了建设程序，得到省发展改革委核准。工程符合当前国家产业政策和国家土地使用政策，前期工作符合集团公司科学决策的要求，环保、文物、人文、土地、水利等部门的各项审批文件齐全。详见表 6－12。

表 6－12 项目主要合规性文件

工程阶段	批复单位	文件及文号	批复时间
压覆矿批复	山西省国土厅	晋国土资储证字〔2016〕0034 号	2016 年 3 月 21 日
水保批复	山西省水利厅	晋水保函〔2015〕921 号	2015 年 11 月 6 日
核准批复	山西省发展改革委	晋发改备案〔2015〕164 号	2015 年 7 月 24 日
开工批复	中国 DT 集团公司	DT 集团计〔2015〕1269 号	2015 年 12 月 29 日
总结算批复	中国 DT 集团公司	DT 集团工价〔2017〕145 号	2017 年 7 月 5 日

（2）合理性

①太阳能资源及建设条件。该项目地处我国第二类太阳能资源区，厂

址所在区域高度适宜太阳能光伏电站建设。工程所在地相对稳定，适宜建设光伏电站。项目中心位置交通也较为便利。

年平均利用小时数为 1462 小时，电价为 0.95 元/千瓦·时，项目税前全投资内部收益率为 12.06%。

②接入系统。不建设升压站，利用已建成的 220 千伏升压站的 1 回 220 千伏出线送入 500 千伏变电站的 220 千伏侧。

（3）外部因素对项目持续性的影响

项目建设符合国家政策法规，推动了节能技术的进步，促进了社会能源资源、建设资源节约，环境友好发展。经济收益客观，环境收益、社会收益良好。国家对可再生资源的发展提供了大力扶持和政策优惠，太阳能利用行业潜力巨大，发展前景非常乐观，可以持续稳定地经营。

（4）前期承诺评价

未出具前期相关承诺。

6.3.2　工程准备管理

（1）项目批复与组织建设情况

项目组织管理机构批复手续完备，项目规章制度完善，管理机构配备齐全。

（2）施工现场与技术准备情况

施工组织设计大纲编制完整，设计方案清晰，内容翔实。设计单位交付设计图纸及时，答疑明确干练，技术交底彻底完善，施工图纸交付进度能够满足现场连续 3 个月的施工要求。征地工作准备充足，方法得当。

（3）施工准备与开工审查检查情况

项目开工条件完成情况见表 6－13。

表 6－13　项目开工条件完成情况

序号	开工条件	完成情况
1	设立项目法人（包括组织机构的批复及成立情况）	完成

续表

序号	开工条件	完成情况
2	批复项目可行性研究	完成
3	落实建设资金	完成
4	编制项目施工组织设计大纲并通过审查	完成
5	招标选定主设备及主体工程施工单位，签订施工承包合同	完成
6	招标选定监理单位	完成
7	落实施工设计图纸交付进度计划， 施工图纸满足现场连续3个月施工要求	完成
8	征租地工作	完成
9	落实项目建设需要的主要设备和材料	完成

6.3.3 工程管理

（1）采购与合同管理

项目为EPC总包施工，设备材料采购包含在总包合同中。

（2）安全控制评价

工程建设期间人身轻伤及以上或死亡、一般及以上施工机械损坏、一般设备事故等均未发生。主要安全管理目标完成情况见表6－14。

表6－14 主要安全管理目标完成情况

序号	指标内容	控制目标	实际指标	原因
1	建设期人身死亡	0	0	
2	建设期重伤人次	0	0	
3	建设期重大设备事故	0	0	

（3）质量控制评价

本工程各分项（单元）工程建筑安装质量合格率为100%，未发生任何质量事故，并且220千伏升压站一次送电成功，投产组件技术性能良好。

土建和安装单位工程按照规定进行了验收，单位工程合格率为100%，土建单位工程优良率为95%，安装单位工程优良率为90%；分项工程质量合格率为100%，没有发生任何质量事故，整套工程质量达到合格标准

（见表 6－15）。电池板支架桩基础、道路、围栏及直埋电缆敷设等隐蔽工程验收情况良好。

表 6－15　项目单位工程质量验收情况

序号	名称	应验收单位工程（项）	已验收单位工程（项）	合格率（%）	优良率（%）
1	土建单位工程	25	25	100	95
2	安装单位工程	29	29	100	90
3	分系统试运项目			100	95

（4）进度控制评价

对比里程碑计划工期与实际工期（见表 6－16），工程从开工到送电大多数节点工作是提前完成的，项目进度可观。

表 6－16　工程里程碑进度

序号	里程碑节点	计划工期	实际工期
1	检修道路施工	2015 年 11 月 25 日	2015 年 11 月 22 日
2	桩基础施工	2016 年 3 月 20 日	2016 年 3 月 26 日
3	光伏支架安装	2016 年 4 月 30 日	2016 年 5 月 5 日
4	升压站扩建间隔土建施工	2016 年 5 月 10 日	2016 年 5 月 10 日
5	升压站扩建间隔电气安装接火	2016 年 5 月 15 日	2016 年 5 月 15 日
6	组件等其他设备安装	2016 年 6 月 15 日	2016 年 6 月 12 日
7	光伏全部区域送电	2016 年 6 月 30 日	2016 年 6 月 24 日

（5）工程监理评价

工程监理单位通过公开招标选定，具有电力工程监理甲级资质，单位组织机构健全，人员配置合理充足，均持证上岗。

监理单位管理体系完善，按要求编制了监理大纲及保证现场施工质量、进度、安全等方面的管理措施。工程建设过程中，监理单位能有效完成监理委托合同中约定的各项工作，严格执行调度会、安全例会、专业技术会、重要工程验收会、重大方案审查会等例会管理制度，会议组织工作到位，会议纪要严谨、齐全。现场安全、质量管理制度及流程完善，监督工作到位，见证点跟踪、隐蔽工程验收、危险点、危险源管控均按照监理规范及监理大纲要求落实到位，工程质量验收资料齐全。监理通知单和整改通知单及时准确，各项工作能形成闭环管理。

（6）竣工验收评价

该光伏项目因尚未与EPC总包单位进行结算，竣工验收至今未完成。

6.3.4 生产管理

（1）生产准备评价

①机构组建情况。光伏项目依托风电场升压站，组织机构同风电场。

②技术、管理制度编制情况。风电场（光伏电站）编制了各项生产技术标准，下发了生产管理制度汇编，审批程序规范。上述标准和制度基本保证了LM风电场（光伏电站）的正常生产运行。

③生产准备人员到岗情况。光伏项目依托风电场升压站，采用原有生产准备人员。

（2）安全生产评价

①安全生产目标管理。风电场（光伏电站）坚持“安全第一、预防为主、综合治理”的方针，机组投产后至今，各级人员、各项安全生产目标依据上级公司规定并结合自身实际制定，能够落实各项目标实现保证措施，重特大事故、设备事故、人员死亡重伤事故未出现。运行期安全目标及完成情况见表6－17。

表6－17　安全生产情况统计

评价年度	重特大事故	设备事故	设备一类障碍	设备二类障碍	人员死亡	人员重伤
安全目标	0	0	0	0	0	0
2016年	0	0	0	0	0	0
2017年	0	0	0	0	0	0

②安全生产组织机构建立及运作情况。公司三级安全网组织健全，公司安生部设专职安监岗，风电场（光伏电站）、班组安全员分别由场长和值（班）长兼任，负责各级安全生产管理和监督工作；公司成立消防委员会、应急领导小组，在风电场（光伏电站）设立相应机构。

③制度保障评价。风电场（光伏电站）安全管理制度健全（安全责任制、“两票三制”、重点反措、危险点源控制、应急管理、安全管理与监督三级网络、安全教育培训、异常事件分析等），现有规章符合国家法律法规以及上级单位颁布的规程和反措要求，安全管理制度符合生产实际。2017年再次补充、修订现场规程制度，审批程序规范，并汇编成册下发执行，保证了现场规程的正确性、完备性和有效性。

④安全责任制落实评价。公司实行了安全生产责任制，公司、风电场、光伏电站班组各级岗位职责和安全生产责任明确。风电场（光伏电站）安全责任制得到基本落实，安全活动、安全分析、安全培训、演练演习有总结、有分析、有措施、有记录，有“两措”计划、有应急预案，发生的不安全事件按“四不放过”要求编写了报告。

⑤安全教育培训评价。公司2017年初组织风电场（光伏电站）值班人员重新对新《中华人民共和国安全生产法》进行了学习和考试，提升了人员的安全生产法制意识；并将安全责任层层分解，公司与部门签订安全责任书，部门与员工签订安全承诺书及“四不伤害保证书”，使安全与每个员工的利益紧密结合，将安全责任落实到人。2017年组织安全技术教育培训4次，培训人数61人，通过培训规范了人员行为，提高了人员安全意识及水平。2017年组织安规、运规考试3次，参加培训人员全部合格。

⑥安全例行工作评价。安全生产委员会会议、安全生产分析会和安全监督网例会是公司部署安全生产重点工作、分析制定安全生产具体措施和实施安全生产有效监管的重要手段。

公司安全生产委员会于各季度第一月15日前召开，安全生产委员会全体成员参加。会议由安全生产委员会主任主持，汇报前一季度安全生产工作、安全生产趋势分析和安全生产管理的薄弱环节及教训，讨论研究预防对策，安全第一责任人、安全生产委员会主任部署安全生产重点工作。

公司安全分析会于每月15日前召开，由公司安全第一责任人主持。公司领导、部门负责人、安全委员会成员、工程和生产专工以上人员参加会议，由安全生产部汇报上月安全生产情况、上月安全事件、重点工作完成情况，由总经理部署下月的工作重点和目标要求。

公司安全监督网例会于每月 15 日前召开，由公司安监部负责人主持。公司安全监督网例会参会人员为安全生产管理部全体人员、工程建设管理部负责人，以及分管副主任、基建工程各项目部及各风电场（光伏电站）安全员。会议总结分析公司上月会议纪要下发执行情况，深入排查安全生产隐患，点评违章事例，布置本月的工作重点和保障措施。

光伏电站安全分析会于每月 5 日前召开，由电站安全第一责任人主持。电站安全分析会参会人员为光伏电站负责人、专工、班长。会议的主要内容为总结上月安全生产主要工作开展情况（“两票三制”、“三讲一落实”活动、重大危险源管理、安反措计划执行情况、反违章等安全生产工作完成情况），对发生的不安全事件进行分析并提出对策，部署当月安全生产重点工作。

⑦重大危险源管理。展开重大危险源评估，主要分为组织学习阶段、评估实施阶段、评估报告申报阶段、整改计划下发阶段，确认责任人、监督人，要求责任单位按计划整改，及时消除设备隐患，有效防控风险，确保设备安全可靠运行；负责危险源管理的具体工作；重大危险源登记、建档情况较好。

⑧应急预案管理。根据《生产安全事故应急演练指南》的规定，公司已明确 2015—2017 年的应急预案演练时间和方式。各主办单位必须严格按照演练计划表中规定的时间和内容，以及公司应急预案中关于危急事件的预防、启动、应对及生产、生活维持或恢复方案的规定来进行应急预案演练。光伏电站的工作人员根据规定制订了年度演练计划。每年至少应演练 6 次，可选择桌面演练、功能演练或全面演练等演练方式，全面演练至少 4 次，包括消防类、防全厂停电类和防汛类应急预案演练。通过演练，提高了员工对突发事件的处理能力，同时检验公司应急预案是否可行，以总结、分析不足之处，对应急物资进行盘点，进一步完善应急物资储备。

⑨消防安全管理。公司制定了消防安全管理制度，风电场（光伏电站）建立了消防设备台账，定期检查消防设施，更换不合格、过期设备。

经检查，配置的灭火器定期检查执行情况良好，风电场（光伏电站）消防设施和器材的配置、重点防火部位标识、紧急疏散通道和疏散标志符合规范要求，消防设施、设备、器材编号布置图符合要求。

⑩安全专项验收评价。并网安全性评价已通过省电网验收，并获得了正式批文。

以下是意见及建议：

①人员取证问题。现场人员取证不全，存在安全管理风险。建议加大取证培训力度，确保按照集团公司要求现场人员 100% 取证。

②安全工器具检验问题。个别灭火器未粘贴检验标签，标识警示牌存在丢失和掉色现象。建议结合定期工作逐步完善。

③文明生产问题。仓储管理不完善，文明生产不到位，厂区内废弃物处置方式不合理。建议单独设置油品库，妥善处置废弃物。

（3）可靠性评价

光伏电站设备管理制度健全，缺陷记录、消缺工作票等记录比较清晰，但存在计量表监督与验收资料不齐全、检修记录不详细的情况。光伏电站检修管理制度健全，检修质量较高，缺陷返修率较低，但检修记录不规范，没有检修前准备工作记载、质量验收签名，质量评价多以检修后试运的技术性能和指标为依据。

以下是意见及建议：

①项目人员专业力量薄弱。项目部专业人员技术力量普遍偏弱，不能发挥师带徒、传帮带培养人才的作用。建议加强人员技术能力培训，提高人员职业技能。

②技术监控专业人员缺乏。场（站）内技术监督项较少，深度不足，未能发挥技术监控保障全场设备可靠运行的作用。建议加强培训或配备专业技术人员。

6.3.5　CDM 评价

未开展 CDM 业务。

6.3.6 管理因素对项目的持续性影响

公司的管理制度、激励制度、绩效考核机制等都比较健全，为了充分发挥相关制度的作用，公司还应加大实施力度，保证制度落实到位、责任落实到人，充分发挥良好的企业文化和管理制度的作用，为企业可持续发展提供坚实的群众基础和制度保障。

6.3.7 管理综合评价

进度管理方面，项目建设过程中受到气候恶劣和阻工等因素的影响，但建设工作能够有序进行，工期得到了保证。

质量管理方面，总体质量优良，建筑、安装均实现国内同类机组较高水平，土建单位工程和安装单位工程的合格率均达到了100%。项目单位安排专门人员负责，保证项目的施工进度、采购管理工作有条不紊，实施效果优良。

造价控制方面，项目单位按照某公司工程造价管理办法，采取了工程设计优化管理、合理组织施工、加强招投标管理、细化施工管理等一系列措施，有效地控制了工程造价，降低了工程成本，工程造价有效控制在执行概算内，工程经济效益提高。

安全管理方面，以“安全第一、预防为主、综合治理”为原则，攻坚克难，在建设单位、参建单位的共同努力下，实现了工程建设预期安全目标。

6.4 经济评价

6.4.1 工程投资评价

（1）造价控制

光伏电站20峰值兆瓦项目工程静态投资为17531万元，比批准概算18392万元节余861万元，静态千瓦造价为8766元/千瓦，比批准概算9196元/千瓦少 430 元/千瓦；动态投资为 17710 万元，比批准概算 18737 万元节余 1027 万元，动态千瓦造价为 8855 元/千瓦，比批准概算 9369 元/千瓦少 514 元/千瓦。

工程结算阶段：

①设备购置费。实际结算费用为 9865 万元，比投资估算 13225 万元节余 3360 万元，主要原因是组件、支架、逆变器、汇流箱等设备价格降低，以及集电电缆线路从设备购置费中移至安装工程费中。

②安装工程费。实际结算费用为 2179 万元，比投资估算 842 万元超出 1337 万元，主要原因是集电电缆线路从设备购置费中移至安装工程费中，增加送出工程费 980 万元。

③建筑工程费。实际结算费用为 1769 万元，比投资估算 1596 万元超出 173 万元，主要原因是桩基础施工费增加 301 万元，阻工费和冬季施工费增加 310 万元，站区道路费减少 480 万元。

④其他费用。实际结算费用为 3718 万元，比投资估算 2372 万元超出 1346 万元，主要是建设用地费超出投资估算 2710 万元，原因为占地测量面积大大增加，租地标准大幅提高（临时占地永久补偿）。

⑤建设贷款利息。实际结算费用为 273 万元，比投资估算 345 万元节余 72 万元。

⑥资金合理使用。项目没有进行融资，工期短，设备采购采用汇票支付，结汇时已收回部分发电收入，工程建设启动资金由资本金及公司自有主营业务资金结余支付，每年节约财务费用约 550 万元；同时，减少建设期利息、降低项目造价，也降低了项目日后的折旧费、财务费。

（2）经验及改进建议

①严格审查招标文件，避免出现调整漏洞和不切实际的条款，造成结算困难。

②严格执行工程现场签证手续，认真审核工程量，明确结算原则，降低工程成本。

③严格审核新增工程项目，保证新增工程项目的经济性和实用性，并且在施工前确定结算方式。

④设备招标前，做好调研工作，确保中标厂家在保证产品质量的同时保证设备供应的及时性，减少因设备供应不及时而增加施工费用。

（3）主要教训

项目建设管理过程中，严格执行国家和集团公司关于工程建设的各项管理规定，认真履行工程招投标程序和要求，尊重工程建设的客观实际。但是，此项目是公司在该省第一个光伏项目，管理方面仍存在诸多缺陷。在影响工程造价因素方面，主要教训为在合同签订阶段避免与工程设计不完善、建设周期长、投资大的工程项目签订固定总价合同，制定相关的结算条款，严格控制工程造价。

施工阶段，工程人员要与技经人员及时沟通，核实情况，进行工程量复核，严格控制现场发生的另委签证费用。发生较大设计变更时，要积极报上一级主管部门，根据批示执行。

造价控制阶段，发生土建及安装阻工费用及冬季施工费用362万元，原因在于：一是政府部门不能将占地补偿款及时发放至村民手中，造成施工中阻工非常严重，致使现场施工人员大量窝工；二是该项目检修道路施工时间为2015年11月，为取得2016年6月30日之前0.95元/千瓦·时的电价，要求施工单位开展冬季施工以加快施工进度，产生了冬季施工费。

6.4.2 经济效益评价

（1）主要经济指标

该项目于2016年1月开始建设，2016年6月投产发电，基本实现建设各阶段投资控制总体目标。总结算于2017年7月5日取得集团公司批复，总结算动态投资为17710万元，单位造价大约8855元/千瓦。

由该光伏项目后评价经济效益基础数据可知（见表6-18），可研报告中部分预测数据与项目投产运营后部分数据存在差异。

表 6－18　基础数据对比

序号	项目	单位	可研数据	后评价	
				2016 年（10—12 月）	2017 年
1	工程总投资	万元	18849.59	17710	
2	CDM 收益	万元	0	0	0
3	综合厂用电率	%	—	—	5
4	电价（含税）	元/千瓦·时	0.95	0.95	0.95
5	等效满负荷利用小时数	小时	1534	—	1714
6	水费	元/兆瓦·时	0	0	0
7	材料费	万元	20	0	0
8	修理费	万元	0	0	0
9	基准收益率	%	8	8	8
10	折旧年限	年	25	25	25
11	残值率	%	5	5	5
12	职工薪酬	万元	102.96	0	196

注：表中 2017 年后评价数据是 2017 年整年的数据。

（2）盈亏平衡分析

测算得出该工程发电业务盈亏平衡点利用小时数为 1080.10 小时，保本电量为 2160.19 兆瓦·时。2017 年项目上网利用小时数为 1700 小时，超过盈亏平衡点 36.46%，随着光伏设备可利用率水平提升，尽管受到区域限电影响，项目发电业务仍有较大可能实现盈利（见表 6－19）。

项目盈利能力较好，主要原因是没有项目贷款，费用在公司列支，且有三期风电项目进行成本费用分摊，综合成本大大降低，为光伏项目的盈利提供了必要保障。光伏发电项目除带来客观经济收益外，兼具显著的社会、环境效益。此外，在可再生资源发展方面，国家提供了强大的政策支持，太阳能利用行业拥有巨大的潜力，发展前景非常乐观。

表 6 – 19　财务效益分析

分析内容	报表名称	评估指标名称	后评价		
			一期	二期	三期
盈利能力分析	全投资现金流量表	投资回收期（年）	7		
		财务内部收益率（税后）（%）	12.25		
		财务净现值（税后）（万元）	–732		
	自有资金现金流量表	财务内部收益率（税后）（%）	10.71		
		财务净现值（税后）（万元）	–2117		
	损益表	资金利润率（%）	6.27		
		资金利税率（%）	9.25		
		资本金利润率（%）	6.27		
偿债能力分析	资金来源与运用表	利息赔付率（%）	—		
	资产负债表	资产负债率（%）	77.44		
		流动比率（%）	99.36		
		速动比率（%）	99.36		

（3）成本费用分析

以 2017 年生产成本及财务费用为评价值，主营成本为 891.09 万元，比可研预测值1844.59 万元降低953.5 万元，降低51.69%，主要是因为可研成本含有财务费用814.59 万元；发电单位成本为271.32 元/兆瓦·时，比可研测算值 335.48 元/兆瓦·时低 64.16 元/兆瓦·时，降低 19.12%，主要是折旧费和财务费用低于可研预期，发电单位成本较低。

从成本费用性质来看，本项目总成本费用为 891.09 万元。折旧费为 607.06 万元，占比 68%；工资及福利费为 196 万元，占比 22%；其他费用为 85.31 万元，占比 10%（见图 6 – 1）。由表 6 – 20 可知，固定成本占总成本费用的 99.76%，变动成本占总成本费用的 0.24%。随着项目的投运，材料费和修理费的比重会增加，同时，光伏项目和 LM 风电投产项目进行其他费用的容量匹配，随着三期工程的全部投产发电，光伏 2 万千瓦容量分摊的费用会降低。

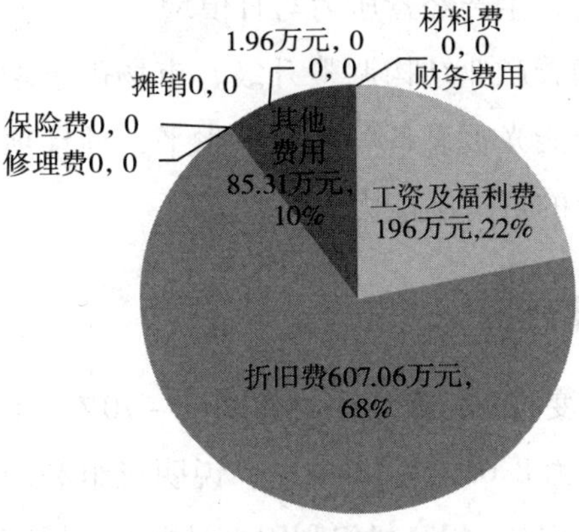

图 6－1　2017 年各项成本费用占比

表 6－20　成本费用分析

项目	2016 年（10—12 月）	2017 年
材料费（万元）	0	0
工资及福利费（万元）	0	196.00
折旧费（万元）	101.18	607.06
摊销（万元）	0	0
保险费（万元）		
修理费（万元）	0	0
财务费用（主要为利息支出）	0	0
其他费用（万元）	88.06	85.31
主营成本（万元）	189.23	891.09
发电成本（万元）	189.23	891.09
上网发电量（万千瓦·时）	1699.31	3277.05
主营业务收入（万元）	615.72	2660.85
投资收益（万元）	0	0
CDM 净收益（万元）	0	0
利润总额（万元）	426.49	1620.98

6.4.3　经济效益对项目的持续性影响

2017 年，由于新能源装机的激增，弃风限电更加严重，新能源企业也将加入直接交易行列，生产经营压力与日俱增。

从长期来看，随着产业结构调整升级、市场需求增长，限电情况将逐步缓解，若保持太阳能光板设备可利用率水平，预计项目财务盈利能力将有所增强，具有一定的可持续能力。

6.4.4 敏感性分析

①若其他条件不变，机组利用小时数变动 -10% ~10%，则项目资本金内部收益率变化范围为 8.66% ~12.68%，说明机组利用小时数对项目资本金内部收益率有正向影响，提高机组利用小时数可以提高项目盈利能力。

②在其他条件不变的情况下，若上网电价变动 -10% ~10%，则项目资本金内部收益率变化范围为 8.66% ~12.68%，说明上网电价对项目资本金内部收益率有正向影响，提高上网电价可以提高项目盈利能力。

③本项目没有贷款，暂不考虑利率变化情况对项目资本金内部收益率的影响。综上所述，项目资本金内部收益率对上网电价和机组利用小时数较为敏感，当机组利用小时数和上网电价单因素下降 10% 时，项目资本金内部收益率均低于可研基准收益率 13%，缺乏风险承受能力（见表 6 -21）。

表 6 -21 敏感性分析

序号	敏感性因素	变化率（%）	全投资内部收益率（%）	自有资金内部收益率（%）
1	基本方案	0	12.25	10.71
2	利用小时数	-10	10.03	8.66
		-5	11.16	9.69
		5	13.32	11.7
		10	14.37	12.68
3	电价	-10	10.03	8.66
		-5	11.16	9.69
		5	13.32	11.70
		10	14.37	12.68

6.5　评价结论

6.5.1　综合评价

项目按照相关批复和设计顺利完成了工程建设，投产后经营状态稳定，并实现了预定的财务目标，一些关键性指标超出了可研预测值。项目的建设和运行是基本成功的。

根据动态分析以及现行财会制度和税收法规的测算，项目在财务评价方面表现出一定的盈利能力和偿债能力，整体财务指标良好，具备财务可行性。但在项目实施过程中，需要及时关注各种潜在风险，以采取措施来减缓盈利能力的下降。

一旦项目建成，电力资源得到有效保障，同时环境污染状况得到改善。该项目在经济效益、社会效益和环境效益方面都表现出可行性。

在财务评价计算的年限内，项目每年平均缴纳所得税 272. 3 万元、销售税金及附加 23. 74 万元，将为国家及地方财政收入增加做出重要贡献。

6.5.2　项目持续性评价结论

建成 20 峰值兆瓦光伏发电项目后，当地太阳能资源得到高效利用，为电网提供了有力的后备电源保障。太阳能作为一种无污染的绿色能源，有望替代部分传统一次能源，有助于优化电力能源结构，加强环境保护。

该项目的运营将有助于满足当地及周边地区的电力需求，有效为区域内部分农民就业提供可能，邻近区域居民居住环境得到进一步改善。

6.5.3　项目承诺评价结论

未见光伏项目承诺书。

参考文献

[1]潘小海,伍勇旭,李东．“双碳”发展对我国的影响及应对策略[J]．技术经济,2021,40(9):172-180.

[2]邓旭,谢俊,滕飞．何谓“碳中和”？[J]．气候变化研究进展,2021,17(1):107-113.

[3]邹才能,何东博,贾成业,等．世界能源转型内涵、路径及其对碳中和的意义[J]．石油学报,2021,42(2):233-247.

[4]刘元春,郝大鹏,霍晓霖．碳中和经济学研究新进展[J]．经济学家,2022(6):5-15.

[5]宋国恺．中国落实碳达峰、碳中和目标的行动主体及实现措施[J]．城市与环境研究,2021(4):47-60.

[6]安国俊,陈泽南,梅德文．“双碳”目标下气候投融资最优路径探讨[J]．南方金融,2022(2):3-17.

[7]牛学杰,李常洪．中国新能源产业发展战略定位、政策框架与政府角色[J]．中国行政管理,2014(3):100-103.

[8]王广浩,周坚．项目后评价方法探析[J]．科技进步与对策,2004(1):97-99.

[9]姚光业．建立投资项目后评价机制的构想[J]．经济与管理研究,2002(3):44-47.

[10]李鹏．高海拔地区大型电网建设项目后评价体系及实证研究[D]．北京:华北电力大学,2016.

[11]张三力．项目后评价[M]．北京:清化大学出版社,2001.

［12］赵桂玲．基于项目评估学的馆校合作评估模式研究［J］．中国博物馆，2021（1）：107－112.

［13］CAO L J，TAY F E H. Support vector machine with adaptive parameters infinancial time series forecasting［J］．IEEE Transactions on Neural Networks，2003，14（6）：1506－1518.

［14］PAN J，TEKLU Y，RAHMAN S，et al. Review of usage－based transmission cost allocation methods under open access［J］．IEEE Transactions on Power Systems，2000，15（4）：1218－1224.

［15］DE SAM LAZARO A，STEFFENHAGAN W. A hybrid fuzzy controller for industrial power plants［C］．International Design Engineering Technical Conferences and Computers and Information in Engineering Conference. American Society of Mechanical Engineers，1995（17018）：1033－1038.

［16］陈建设，王晓东，韩武波．国外项目后评价研究进展及其对我国土地整理项目后评价的启示［J］．国土资源科技管理，2008，25（2）：34－36.

［17］何芳，傅旗康．房地产项目后评价理论与实务［M］．北京：清华大学出版社，2014.

［18］季云．水利建设项目后评价研究进展［J］．水利水电科技进展，2003（3）：57－59，64.

［19］任淮秀，汪昌云．建设项目后评价理论与方法［M］．北京：中国人民大学出版社，1992.

［20］张三力．第十二讲项目后评价［J］．中国工程咨询，2001（9）：36－41.

［21］张海军，施颖，李睿．项目后评价理论及方法探讨［J］．商业时代，2012，575（28）：105－106.

［22］蔡成果．项目社会经济效益与影响后评价［D］．长沙：湖南大学，2001.

［23］孙薇．配网建设工程后评价方法及实证研究［D］．北京：华北电力大学，2015.

[24]高云平．保障房项目后评价方法及应用研究[D]．北京：中国科学院大学，2014.

[25]陈岩．基于可持续发展观的水利建设项目后评价研究[D]．南京：河海大学，2007.

[26]吕超．沈北新区高标准农田建设项目工程质量后评价[D]．沈阳：沈阳农业大学，2019.

[27]李俊峰，张俊．逻辑框架法在黔中水利枢纽移民安置后评价的应用[J]．水利水电工程设计，2021，40(3)：51－52.

[28]和金生，郑春东，陈杭君．电力建设项目后评价理论与方法研究[J]．电力建设，1998(8)：3－6.

[29]宿恺，卢玉祥，邢作霞，等．基于熵权物元可拓模型的海上风电项目后评价[J/OL]．沈阳工业大学学报（社会科学版）：1－7. http://kns.cnki.net/kcms/detail/21.1558.C.20220524.1755.004.html.

[30]卞恩林．风电项目后评价中的发电量评价问题[J]．风能，2012(12)：82－86.

[31]赵占良，曹广树．关于电力建设项目后评价的研究[J]．中国新技术新产品，2012(16)：115－116.

[32]李晟，蒋维，胡国良．基于ANP的模糊多层次分析法的风电项目后评价研究[J]．安徽电力，2009(12)：83－86.

[33]胡殿刚，张雪佼，陈乃仕，等．新能源发电项目多维度后评价方法体系研究[J]．电力系统保护与控制，2015，43(4)：10－17.

[34]沈海实，肖畅．电力投资项目后评价研究及应用[J]．管理学家，2014：25－36.

[35]唐斌．模糊综合评价法在固定资产投资项目后评价中的应用研究[J]．中国电力教育，2014(24)：120－121，123.

[36]杨如明，贾巍，马千里．电网项目后评价体系研究及应用[J]．浙江电力，2015，34(4)：1－6.

[37]刘宇．基于AHP－模糊综合评价的新能源建设项目安全风险评价

研究[J]. 项目管理技术,2022,20(10):123－127.

[38]吴军,王义贺,薛龙江,等. 基于卷积算法的指标权重模型在配电网建设项目后评价的研究[J]. 计算机应用与软件,2022,39(8):93－98,104.

[39]郭兴昕,罗拓,邵剑,等. 新型电力技术改造项目后评价指标体系应用研究[J]. 项目管理技术,2020,18(7):83－89.

[40]郭亚楠,罗拓,郭兴昕,等. 项目后评价精量化与客观化应用研究:以国网电力技改项目为例[J]. 项目管理技术,2022,20(12):25－30.

[41]OLIVEIRA L G D, AQUILA G, BALESTRASSI P P, et al. 1－s2.0－s1364032120300824－main[J]. Renewable and Sustainable Energy Reviews, 2020(123): 109786.

[42]WANG M, NIU D. 1－s2.0－s0960148118309613－main[J]. Renewable Energy, 2019(132): 255－265.

[43]肖武,邴绍献,赵小军,等. 基于成本重构的化学驱油项目效益后评价方法及应用[J]. 油气地质与采收率, 2021, 28(3): 96－103.

[44]李端开,赵英琪,马美琦. 国企改革新形势下电力投资项目后评价方法与指标研究[J]. 项目管理技术,2020,18(11):74－80.

[45]王芯芳,李怡萱,王聪,等. 基于序关系—成功度法的新能源项目全生命周期评价模型[J]. 建筑经济,2023,44(S2):131－136.

[46]曾洪鑫,陈文妮,彭定洪,等. 政府监管政策变革对出口消费品质量影响[J]. 南方经济,2021(7):87－104.